贵州省博物馆
GUIZHOU PROVINCIAL MUSEUM

黔博望人藏书
Series Achievements of Guizhou Provincial Museum Scholars

陈恒安文集

陈恒安 著

贵州省博物馆 编

上海古籍出版社

陈恒安像

陈恒安书法作品

贵州省博物馆

館刊

行书题"贵州省博物馆"馆刊

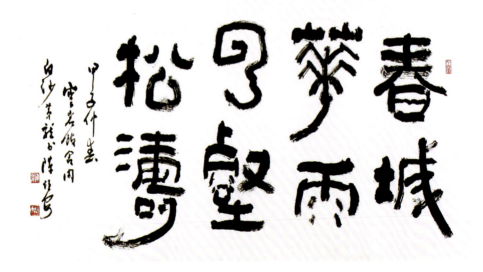

隶书四言联横幅

篆书李白诗横幅

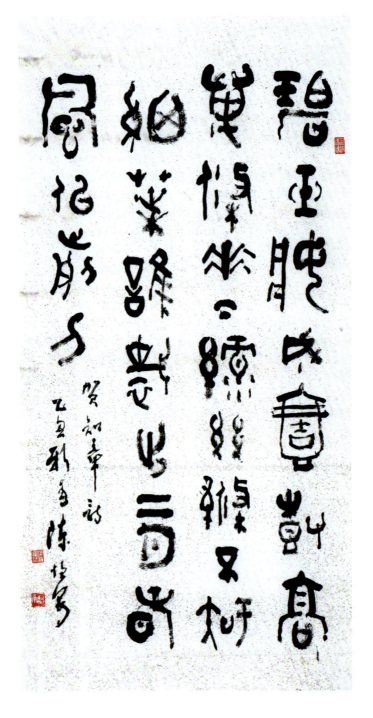

篆书贺知章诗立轴

行书自作诗立轴

断头今日意如何，创业艰难百战多。此去泉台招旧部，旌旗十万斩阎罗。

陈毅《梅岭三章》之一 陈墨安

隶书陈毅诗立轴

目　录

一、历史考古（黔史论评） ……………………………………… 1

　草拟《清末贵州各族农民起义活动形势示意图》初步意见 …… 3

　大汉贵州军政府枢密院电稿摘述 ……………………………… 11

　贵山有关文献及调查情况 ……………………………………… 19

　"黔灵"是怎样得名的 ………………………………………… 25

　万历青花盖罐的有关史料 ……………………………………… 28

　杨（粲）墓的制度和人物身份的问题 ………………………… 31

　杨粲墓石刻所反映的人物地位及其冠服制度 ………………… 49

　播州遵义建置沿革 ……………………………………………… 58

　杨氏献地　分据播州 …………………………………………… 62

　白锦、白锦堡、堡治、杨粲墓 ………………………………… 65

　贵山 ……………………………………………………………… 69

　贵山考述 ………………………………………………………… 71

　贵州出土汉永元罐铭文考辨 …………………………………… 81

二、书法札记 …………………………………………………… 105

　历年来我对书法学习的体会 …………………………………… 107

　《明拓翁跋肃本阁帖》的读后感 ……………………………… 113

《江夏吕圣逸先生印存》序 ································· 123

谈学习小篆的方法 ······································· 124

南天春早　花放书坛 ····································· 127

意先笔后、翰逸神飞（代前言） ······················· 129

殷契书法漫述 ··· 133

三、文学漫记 ·· 143

黔灵胜境 ··· 145

水绕山环"白锦堡"

　　——南宋杨粲墓的景物漫写 ······················· 148

苍山如海 ··· 153

茅台春

　　——地方风物杂记 ······························· 157

徐悲鸿先生在贵阳 ······································· 162

贵阳市的衣食住行 ······································· 179

献给商、黄两先生书法联展 ····························· 193

一、历史考古（黔史论评）

草拟《清末贵州各族农民起义活动形势示意图》初步意见

　　清末贵州农民起义，有时间悠长、地区广泛、民族繁复、联络转移路线纷歧交错等特点，欲以历史地图形式表现其整个活动，至感烦难，针对此类情况，拟从起义活动的年限、范围及方位，参加各族的力量等方面，进行分析研究，择要去芜，删繁就简，提出最低要求，在大略形势上求得一定之表现。

　　一、活动时间的问题：此次起义，为时甚久。按一般看法，从起义先驱的杨龙喜汉族义军发难始（杨元保本在先，但为时仅两月，所属斋教亦多汉族，不能作先驱看），迄作为全部殿后的张凌翔、马和图等回族义军失败为止，即由1854年到1873年（咸丰四年到同治十二年），历时近二十年，往后数年，尚有零星活动。再后即缺乏直接联系，不须涉及。倘将此长时间之各种活动，在一纸图面上详加表现，事实上绝不可能。因此惟有抓住关键性之年代，即1858年到1861年（咸丰八年至十一年）当中的三年，作为整个起义形势的代表时间，此一时间，各族起义皆已发动，并在原有范围内得到进一步发展，加上太平军进入贵州的推动力量，可称为全省起义的高潮时期。由此着手，较能全面集中说明起义的大体形势。至于首事地点，主要根据地及若干重要战场，虽不在此时期以内，但亦宜相应表现。其史实资料根据先分族别概述如次：

　　汉族义军（号军、教军）的主要活动：白号军于1857年（咸丰七年）发动于思南英武溪，首事者为何冠一（地主阶级），实际策动者为刘义顺，参加者为农民及城市劳动人民。1859 年至 1861 年（咸丰九年至十一年），由思南经龙泉（凤冈）、湄潭，攻下三度关，进入遵义东南部；同时由余庆、瓮安度羊岩关，攻禹门寨，激战于遵义团溪，与前一支力量合流。另一方面，向黔东北发展，抵达印江、婺川。至 1861 年（咸丰十一年）后，安字老团拨归朱明月率领，建号秦王。白号军在此一新首领统驭下，黄号亦多归附，乃向黔北及黔中一带，另有新的发展。其最主要之根据地则为扁刀水与荆竹园。黄号军于 1858 年（咸丰八年）继起于安化（德江）甘溪梅林寺，以胡胜海为首，与白号军汇合。另一支力量较强，于 1859 年（咸丰九年）别起于平越上大坪，以何得胜为首，右路经开州（开阳）、修文直抵扎佐；左路经贵定、龙里入贵筑境，并转向清镇、安平（平坝），以荻芦哨一战为最猛烈。另外，尚有王超凡一支黄号军，亦加入白号当中，在遵义东南部活动。黄号军最主要之据点，为玉华山、上大坪、王卡，在瓮安、平越（福泉）境内。

至于红号军则发难较早，在 1855 年（咸丰五年），由徐廷杰、梅济鼎（地主阶级）等领头，主要活动于铜仁、松桃一带；又所称青号为苗军，活动于仁怀等县份，皆不如黄、白号军联系密切，且领导层的阶级成分及族别等问题不太明显，不一定在表现之列。

苗族义军的主要活动：1855 年（咸丰五年）起义于清江厅（剑河）掌梅里，由张秀眉、包大度等领导，发动于台拱厅（台江）境内。当时分三路：一围攻厅城；一向朗洞出击，攻清江厅（剑河）；一进攻岩门司，指向黄平。此后三年，活动遍于镇远、思州（岑巩）、铜仁、黎平等府。尤以 1858 年至 1861 年（咸丰八年至十一年）声势最盛，当时主要分以下各路作战：一占领麻哈（麻江）、都匀，直逼贵定、龙里；二由岩门司攻下黄平，占重安江；三由施洞口攻下镇远，分图邛水（三穗）；四由黄平攻占瓮安、平越；以上四路为一方面。第一路在于威胁省城，第二、三路在于控制湘黔驿道，第四路在于与号军切取联络。另一方面向黔东南发展，与布依、侗、水等族义军配合。此外，远在毕节的苗族义军，以陶新春、岩大五为首，据猪拱箐，在此时间，活动于毕节、威宁、水城等地，有□族在内，与回族义军相联系。

布依族义军的主要活动：继 1854 年（咸丰四年）杨元保在独山起义失败之后，次年由罗光明等首事，起义于上江（都江）。主要据点为三脚屯（三合）。1858 年（咸丰八年），大举进攻独山，占领之后，分两路：一向都匀，与苗军配合；一向平舟、大塘，由南转西，与扁担山布依军相接应。另一支布依军起义于扁担山，一路向广顺、定番，有助于中部号军的进展；一路向永宁（关岭）、安南（晴隆）出击，更有利于回军；一路向归化（紫云）、罗斛（罗甸），以联系红水河沿岸之布依军。

水族义军的主要活动：1855 年（咸丰五年），由潘新简等率领起义于荔波九千等地。主要据点亦在三脚屯（三合），活动于独山、古州（榕江）及荔波等地，与苗军、布依军配合行动，具体作战路线，不易分辨。

侗族义军的主要活动：1855 年（咸丰五年），姜映芳以天地会的组织，在天柱执营乡起事。主要活动于天柱、邛水、清江方面。1860 年（咸丰十年），即在上述地区作战。1862 年（同治元年），始与张秀眉的苗军会合，占领天柱、邛水。

回族义军的主要活动：1858 年（咸丰八年），以张凌翔、马河图为首，发难于普安厅（盘县）大坡铺，先占厅属分县亦资孔，分两路攻打普安厅、新城（兴仁）。1859 年（咸丰九年）攻下新城后，更分为四路出发：一攻普安县和厅，二攻兴义府（安龙），三攻贞丰，四攻安南。一、二路在于扩大根据地并阻击清军的进攻；三、四路在向西南部延伸，以获致布依军、苗军的支持。1862 年（同治元年）以后，除占领以上城市外，右翼并占领册亨、归化等地；左翼前锋到达镇宁等处。中间曾固守新城，与清军在青山、卡子坡交锋，均发生顽强的争夺战。此外，水城、威宁回族，对之亦有所响应。

二、活动范围及方位的问题：此次活动范围极广，遍于全省，各路义军有一定的活动方位。当时全省府厅州县共有七十四个城市，几乎全被义军占领，未占领者仅有十一个，即遵义、贵阳、安顺、黎平四府，仁怀、水城、郎岱三厅，平远一州，毕节、龙泉、余庆三县，占全省城市的七分之一。各路义军的活动方位，可从三个大方面来看：

（一）黔东北思南、遵义、石阡三府，乌江下游各地，皆为汉族义军的活动地区，沟通平越州及贵阳府境。其中又可分为两个部分：一以扁刀水、荆竹园为据点，活动于乌江下游东西岸，是为白号主力；一以轿顶山、玉华山、上大坪为据点，活动于乌江中上游北岸，是为黄号主力。其他黔北仁怀、黔西北大定等地（橧军），亦有汉族义军活动，但较零星。

（二）黔东及黔东南镇远、思州（岑巩）、铜仁、黎平四府，均有苗族等义军的起义活动，向都匀府、平越州以至贞丰州等处有所发展。在苗军影响下，又可分为三个部分：重安江及清水江中、上流，潕水上流等地区，主要为苗军所控制；清水江下游北岸，主要为侗军控制；都柳江流域，主要控制于布依军、水军之手，布依军且向红水河方面伸展。而猪拱箐苗军、扁担山布依军，可从属此一大方面的起义活动。

（三）黔西南隅兴义一府，即南、北盘江环抱地区，全部为回族义军活动范围，此为主要部分，但亦有一小部分他族义军在内。另一部分则延伸入威宁、水城，力量较薄。

由于二十年间攻占城市先后参差，与清军作战，旋得旋失，且战斗联络途径瞬息万变，故只能就以上方面着眼，而以第一项所述高潮时期为准。

三、各族义军的活动力量问题：从人数说，各族义军尚无确切统计数字。仅苗族义军有百万左右的大略估计（见《辞海·民族问题》试行本，及贵州少数民族社会历史调查组编《苗族简史》），加上布依、侗、水各军在内，当在一百二十万至五十万之间。若此项推算可以征信，则汉族号军当不逮此数。回族义军部分更居少数。既无正面材料可凭，不妨以反面记载为参证。据估计，当时清官兵动员七八万（不包括地方团练武装）：其中湘军占客军中之最多数（据《湘军记·平黔篇》约为二万以上），合川、桂军以当苗、布依、侗等军，足见此一部分义军之力量最为强大；川军占客军中之次多数，除与湘军配合外，并协同本省清兵，以当汉族黄白号军，也足证此一部分义军力量略次于苗族等义军部分；本省中部及西部清兵，加上较少数滇军，则与回族义军部分相敌对，此一部分，显然其力量较弱。再以《咸同军事史》各族义军势力百分比之拟议及图表互相对照，苗族义军部分占百分之四。汉族义军部分占百分之三六（主要指号、教军，太平军及其他汉族义军除外），回族义军部分占百分之十一。与上述估计情况，亦大致相符。又从活动范围验证：苗族义军占全省面积的五分之二强，汉族义军占五分之二弱，回族义军占五分之一。总之，以黔东及黔东南苗族义军方面力量最大，占第一位，黔东北及黔中汉族义军方面次之，占第二位，黔西南回族义军方面占第三位。

但有一问题值得研讨，即此三大方面，由何者发生主导作用的问题？经反复斟酌，窃以为就汉族义军而言，在一定程度上，有较清楚的组织系统，如始终由刘义顺领导，而白号朱明月、黄号王超凡、何得胜等部队，均直接间接受其策动。所有根据地亦较为稳定。此其一。有较响亮的宣传号召，除提出反对"踮戥"等苛敛外，据白号所发"江汉八年（即同治十一年）誊黄"布告，揭出"反清复明"之旧帜，以武装起义反抗清政府之"暴敛横征""卖官鬻爵"，更反映出在太平天国革命影响下，遥为声援，号召群众，共同推翻清室。此其二。有较早期的斗争经验，如桐梓杨龙喜发动于1854年（咸丰四年），为咸同起义之先驱。继乾嘉起义后，又取得新的斗争经验。故一面为号军奠定初基，一面将经验影响甚至传播到其他民族义军。据记载，张秀眉曾入号军，受其锻炼，不无原因。此其三。有较明确之发展方向与较策略之军事行动，如一面从遵义发展，既掌握黔北较为富庶之区，更对太平军攻战起到极大的支持作用。另一面由平越、瓮安向贵阳攻坚，以纵深方式进军并包围省会，具有攻心的战略思想，使清政府处于被动。在遵义团溪、清镇芦荻哨作两次著名的决战，其战略意义胜过苗军黄飘等役。此其四。有较明智的联盟选择和行动配合，在汉族义军内部，黄白号合作，发生内斗较少。因而能够放手发展，几乎控制全省中心。与苗族义军合作，事实上等于将赤背之黔东北及黔东地区，让与苗军分担其责。从效果看，与联盟无异。另外，与大定方面汉族"槟军"亦发生联系，彼此遥遥呼应。皆不能谓非明智之举。此其五。如狭隘的民族观念与地方观念较少，也对整个发展有利。以围攻贵阳为例，即系与苗族潘名杰带领之义军，协力进行。凡此等等，皆可以说明汉族义军在实质上有处于主导地位之可能性。不能以参加人数多寡，活动地域广狭，由表象上推断，而以主导作用完全属于苗族义军方面（前几年在有关方面的讨论、编写中，似有此倾向）。当然此种拟议并不排斥苗族及他族义军之重大作用。且系根据史料初步分析所得，虽距离定论尚远，但非凭空假设，更非大汉族主义之思想反映。至于以某一方面为主导，在图上不予表现，但值得在此联带提出。

表现内容既如上所述，再将表现方式具体说明如下：

一、各族义军作战路线，先后变动太大，不易明确掌握。表现转移，联络路线，尤极困难。因此，仅能采取较概括、笼统的方式，表现其"活动路线"。如此含义广泛，以减少繁琐及错误。时间如前揭出，以起义高潮中之三年为准，分三个大方面：一以苗族义军为主力的黔东及黔东南以黄色线路表现；二汉族义军为主力的黔东北及黔中，以红色线路表现；三以回族义军为主力的黔西南，以赭色线路表现。

二、各族义军的发难地点，应择其最早者，最重要者加以表现。如白号思南英武溪，黄号安化甘溪、苗军清江掌梅里，侗军天柱执营乡，回军普安厅大坡铺等皆是。

三、各族义军的根据地，应择其最巩固、最悠久且蓄养势力最大者加以表现。如白号军石阡荆竹园、湄潭扁刀水，黄号瓮安玉华山、平越上大坪，苗军台拱、雷公山，毕节猪拱箐，布依军及水军之三脚屯与扁担山，回军新城青山镇等皆是。

四、各族义军的主要战场，应择其声名最著、战斗最烈或属于争夺点之重要关隘，加以表现，如号军攻占之遵义三渡关及团溪，如苗军激战之黄平岩门司及黄飘，如回军抗击清兵之卡子坡等皆是。

五、各族义军的识别旗帜，因每一路义军并非单一的民族组成，不宜显著表现；而贵州义军包含民族甚多，又不得不有所表现。但表现三个方面的分色活动路线，又不可能代表民族。为此，拟以分色旗帜，作为识别各族义军的标志，但不能一一摆在发难地点、根据地或活动路线上，而只能安置在前述三大方面的较中心部位，将有关该路各族的旗帜连缀排列，以看出协作关系。如苗、布依、侗、水的旗帜，联结摆在黔东南的台拱、清江附近。如汉、苗的旗帜，联结摆在瓮安、平越附近等。

六、各府、厅、州、县和省会的标志，应以咸同时期名称表现，与今名差别较大者，用括弧加今名于下。如安化（德江）、归化（紫云）、平越（织金）等皆是。

七、未占领城市的标志，全省大小城市及集镇，被义军占领者达一百多个，无一一表现之必要。但为帮助说明义军声势，未占领之府、厅、州、县十一个，拟可标出。

此外，有数点不拟表现：

关于太平军进军贵州路线，拟另制一图，不拟表现在内，以减少重复或误解。

关于一般山脉水道详名，均不拟标明，仅择取与义军活（动）有密切关系者，举其名称。

关于义军结局及失败地点，因对显示义军声势的作用不大，为避免地名及标志之繁冗，拟从略。

关于义军联络路线，不易把握，且图既有三色活动路线，已包含联络活动在内，恐路线增多，发生错觉，亦拟从略。

以上考虑，限于水平及时间，粗疏、肤浅，更难免错谬。请予鉴酌指正，以便进一步研究和修改。

陈恒安

一九六二，七，卅

大汉贵州军政府枢密院电稿摘述

　　大汉贵州军政府成立于 1911 年 11 月 5 日（即贵州独立之次日），即日设置枢密院以"赞划军事，指导民政"。张百麟任院长，任可澄任副院长。下设枢密员七人，不久增至十余人。周素园先生（培艺）任行政总理，其挚友乐采丞先生（嘉藻）亦参予枢密。当时重要文电，多出周、乐手笔。本文所据电稿，即为乐所草拟；后若干年，又为其弟稼泉先生（嘉莹，字良丞）所抄录，抄毕缀以短跋：

　　　　以上各电，为孟兄辛亥本省独立后，入参枢密所主稿。前后不下数百通，仅于残纸中留此，具见当日规划，最而录之，以示来者。稼泉记。

　　当时军政府乃过渡性质，按约章以三个月为期。期满后照中央规定行省制度改组。故此项电文拟定及拍发时间，当在约章期内，即不出次年二月上旬。中间张百麟出巡本省西路，院务当系任可澄代理。细审各电，多为张离院后所发。按体制说，发电人当系用代贵州军政府都督赵德全名义，或用枢密院名义权宜发出亦有可能。至于受电人皆为各省都督，电达其所驻地，如武昌黎元洪、上海陈其美、南京程德全、九江马毓宝、广州胡汉民、桂林陆荣廷、长沙谭延闿、成都尹昌、云南蔡锷等（其地名均照原电稿标题，下文摘录时亦仅写地名），谨就原稿略加分析，目的在于揭出贵州辛亥革命时期一部分有关军事、政治活动的主要问题，以供研讨。至于电文中若干微妙消息和大关大节所在，尚有待于熟悉当时史迹及亲身经历的先生们加以论证发挥。编述者限于水平，只能将原稿择要摘录，并就浅见所及，分述于各段之后，借作按语。

一、警惕议和期间袁世凯的阴谋

元电敬悉。和平解决，国民之所深望。惟恐或不得已而出一战，不得不却虑长顾，予备最后之手段。惟西南交通不便，通信最迟。此时惟伫候好音而已。（复上海）

祃电敬悉，唐使之亲切态度，是否外交手段？我代表诸公，当时对待受降如受敌，议和亦然。前敌诸公，总望时时作进兵之想。不致坠入术中，我公以为何如？（复武昌）

沪电敝处尚未接到。袁氏撤回唐使，图翻议案，事果灾行，其居心之不可问，直无待乎再计。我公忠义奋发，实深景佩。敝省杨都督援鄂，阻于镇篁之冠，尚未前进。北望江汉，令人邑邑！（复桂林）

武昌敬电想均注意。所云议和，未必足恃，仍须尽力作攻守之计云云。真至当之论。鄙意议或不成，停战期满，必有一番恶战。彼时胜负，即决定于停战期内所增兵力之厚薄。此等义务，全国人皆共担负。愿同胞进取之心，莫减于汉阳失手之时，弊处亦不敢不勉。（致各省）

鱼元两电敬悉。和议事本最危险，彼利苟延，我利速决。公所虑极是。停战期将满，会议未成之数日中，实我同胞生死存亡之关头也。敝处交通不便，得信率在半月后，主持缓急，惟有望诸公耳。再敝省全权委员，已由渝赴宁，日内想已达到。知注附闻。（复长沙）

甘军下陇侵秦，我东南之军，鞭长莫及。四川甫经独立，无力北上，唇齿相依，惟晋人耳。而太原之师北退，我辈坐视同志陷死地，莫能相救，奈何奈何！观清廷和议大旨，似有南北分岭

之意。秦晋之受兵自意中事。然则和议之成，是否即吾民之所希望，尚未可知也。（致上海）

武昌起义，各省响应后，清政府以内阁总理袁世凯为议和全权大臣，并派唐绍仪为专使，与革命军方面进行和议。但同时冯国璋、段祺瑞部清军仍在威胁长江，并以甘肃清军急攻陕西，山西告警。袁世凯私意，即在利用"南北分峙"局面，一面借革命力量为要挟清廷之地步，一面乘机蓄聚兵力与南方抗衡，以遂其窃据全国政权之目的。贵州虽在远方，亦认为和议"未必足恃"，而且"久不解决"，"终非长策"，揭露其危险性。同时强调必须充实武装准备，并注意陕西、山西清军动向。电文中看法与各省大体一致，即对袁世凯和议阴谋必须警惕。

二、北伐分三路进兵及以滇黔川陕军当西路的建议

真电敬悉。武昌待援，敝处援川之师已发，杨都督又东向镇筸，急切无人向鄂，焦悚万状！承问进取方略，鄙意光复大业，非一战所能定。各省宜各任一路，力图进取。滇黔全力定川，合川陕以定中原，此为西路。苏皖杭州平定南京，连合山东，进取燕云，此为东路。中路以鄂为第一聚兵点，以湘为第二聚兵点，合两广闽赣，全力以谋之。前敌以多聚兵，一事权为要；后路以储将弁，急训练，备军械为要。胜不必喜，败不必畏，竭同胞之力，示敌以无穷之势，不胜不止。尊意以为何如？（复桂林）

佳电敬悉。停战期内，自以蓄战斗力为务。彼固能来，我亦能往。但兵事进行，鄙意宜合不宜分。以两湖两广闽赣之全力，利用京汉铁路；以江浙全力，利用京津浦铁路，而辅以海军，较易得手。至长江一带，但取守势，用固有兵力，而以海军一部分游奕策应，亦可无虞。公意以为何如？（致九江）

个电敬悉。属筹北伐之师，前电之三路规划，想入尊鉴。目

前南京已复，以江上之师固守，以淮上之师联合齐鲁，利用津浦铁路，以为东路。俟成都克复，答滇黔川陕之力以图中原，此为西路。东路以电商苏浙皖齐，仍望尊处如何主持？西路则滇军早到宁远，黔军甫入蜀境，总须俟蜀事稍定，始能议及。刻闻成都已独立，但尚未得确电。（复武昌）

某电敬悉。北伐方略，滇黔川陕同任西路，不患力薄，患不统一。闻我公原有躬率一旅直指北廷之意，此言如实，敝处愿合川陕，举公为北伐都督。三省遣兵，同受节制。（致云南）

元寒电敬悉。林陶电均未接到，前敌兵力若何，未能悬定。北伐计划，窃以为会盟之师，诚恐事权不一，不如披举大将，听其节制，事权统一，成功可望。恐诸公际此艰巨，必能以公废私，秩序进行，不胜切祷！（致桂林）

当"南北议和"，清室尚未宣布退位期间，革命军方面并未忽视北伐进军准备，各省都督在战略布署上互有文电磋商。当时贵州主张分三路进兵：以湖北、湖南为聚兵点，联合江西、广东、广西、福建以当正面，此为中路；由安徽、江苏、浙江连结山东而向河北，此为东路；滇、黔军定四川，合四川以并陕西，出中原，此为西路。中、东两路可利用京汉、津浦铁路，并可得海军助力。据当时情况分析，其主张的实质是，中、东两路属于陪衬，其战略目的乃侧重在西路。换言之，即以滇军为主，黔军为辅，掌握四川，进据陕西，以扩大由西南而西北的军事地盘。与梁启超授予蔡锷"令运用滇军兼并川黔，雄踞长江上游，以观天下之变"的策划，是一鼻孔出气的。至于"北定中原"乃下一步的事，不过表面上说得响亮罢了。电文中提议以蔡锷为"北伐都督"，并以统一北伐事权，推举大将为理由，征询广西陆荣廷的意见，即暗示共同拥蔡之意。足证贵州当时处于辅助地位，在出兵主张上完全是以云南为转移的。同时也证明，以滇蔡为背景的贵州宪政党人，在贵州枢密院中已渐有占居上风之势。

三、赞同组织中央临时政府，
建议所在地为广东

程都督有电想注意，组织临时政府以应外交之急，不必定待孙逸仙先生回国。至中央政府所在地，不如广州较稳，尊意如何？（致各省）

组织临时政府，自不可无代表之人。推孙逸仙总统，敝处赞成。但中央政府所在地亦须虑及。就目前形势而论，总以广东为宜。立不拔之基于南海，北向以定中原。我同胞万岁！

组织临时政府，预推各部部长，敝处所议推者：汤寿潜内务，黄克强军政，王宠惠司法，詹天佑交通，严修教育，伍廷芳外交，梁启超财政，即为内阁总理。谨俟会决。（致各省）

尊处情形，近复何如？比因电阻，率半月始得一闻音耗，悬望之至！南京虽定而安庄未安，保无为敌所乘，致有疏虞否？南京与鄂同处前敌，皆应定为聚兵点，北向以争中原，非中央政府相宜之地。唯同得多数之主张，敝处自亦不能坚持己见。但主宁主鄂，两说如何调变？尚望诸公处以血诚，勿令各省因此而生心理，是为至祷！（致武昌）

寒电悉。浦口既得，南京防御始固。中央政府所在地，前曾建议，以为鄂处前敌，不如广东较稳。然固服从多数，亦既认武昌为中央军政府矣。今临时政府又在南京，敝处亦莫衷一是。惟有听全权委员，临时再服从多数。想诸公必能商榷尽善，终归一致也。（复上海）

效电悉。临时政府组织大纲二十一条，其中第八条，各省选派参议员三人。敝省拟即选派中央政府听候组织，俟选出再电。……（复各省。按：后由贵州选派平刚、文崇高二人）

赞成组织中央临时政府，贵州自不能例外。但电文中有值得进一步探索者三点：认为"应外交之急，不必定待孙逸仙先生回国"，以外交为理由似不够充分，言外究竟属意何人主持临时政府，表态不够明确。此其一。所提临时政府部长人选，与后来实际选出者：程德全长内务，黄克强长陆军，伍廷芳长司法，汤寿潜长交通，蔡元培长教育，陈锦涛长财政等，互相对照，已大有出入。尤令人注意者，贵州提梁启超任内阁总理长财政，与体承蔡锷意向不能说毫无关系。此其二。一再主张中央临时政府宜在广东，就避开前敌危险，巩固革命中枢而言，自有其积极意义，但在梁、蔡策划中，既以云贵为军事根据地，恐亦有就近凭借两广资源以充军实，并作屏障之可能。故临时政府设在广东，较之设在武昌、南京，对滇、黔当然有利，而滇蔡更能举足轻重。此其三。由于贵州自治、宪政两党之对立分歧，表现在推代中枢首脑人选问题上，既不等待中山先生回国，而又不敢公然另提他人，显见枢密院中主张之不易统一。在内阁人选及中央所在地问题上，又与上述北伐进兵计划相同，总离不开梁、蔡关系。盖当时枢密院主张已逐渐转化为宪政党之主张，自治党不能不有所曲就也。

四、反对滇军干涉川局和借北伐为名图占贵州

贵部昭通尤电：哥匪云云，想已早达钧鉴。成都与敝处，至今尚未直接通讯。由各家私械测之，大乱方殷，前之秘密会党，不免乘时蔓延，当事者，与委蛇则有之，似当不如尤电之甚。贵部热心救济，甚佩高谊。但干涉次第，未免稍急。昔汤之征葛，三使往问，始终不改，然后义师随之。就令成都碻如黄部所言，尤当秉承我公，先由政府尽朋友之谊，劝其改良，果其不可收拾，殃及邻省，义师之出，始无訾议。万一贵部云云不免传闻，则驷不及舌，如蜀中父老之感情何！又前接钧电称：专讬重庆（都督为张培爵），协同定乱等情，鄙意蓉、渝至今尚未交恶，似可权宜相安，听之中央支配，不必深求，致启兵。大抵蜀中事，仍须听蜀人自主张之，力有不及，始为一助。我公认为何如？（复云南）

　　元电敬悉。敝省自反正以来，党见尚未全消，各拥兵力。徒以首事诸人尚有维持大局之心，以形格势禁，莫敢先动。故两月以来，暂得无事。近来势机日逼，又有借外间兵力，干涉内部之意。东日密电之来源，大概不外乎此。此件未经众心核定，不知何人所发？亦不知是何内容？就目前情形而论，省内则互相维系，莫敢犯不韪以取大戾。然或有外兵入境，则势有偏重，打乱即在顷刻。故贵省垂念之殷，感激不尽！至大兵之来，尚请暂作罢论。如敝省实有不支之时，自当由府、院及各界士民合词吁请。至省外各处间有不靖，现杨都督巡视下游，张院长巡视上游，已渐就绪矣。（致云南）

　　咸电敬悉。承关系敬谢！敝省小有不安，兵力尚能自了。顷与贵都督议，合滇黔川陕之力，共筹北伐，阁下想终当北行。（复曲靖纵队黄）

　　滇军在北伐幌子下，更以帮助邻省解决哥老会问题为借口，先向四川出兵，并干涉四川政局。不久又以同一手段施加贵州省。证明所谓"兼并川黔计划"，已先后付诸实际行动。由此可想而知，贵州之被滇军占据，早已在梁、蔡的"大算盘"之内；而趁滇军进占贵州的机会，抓住一省政权，反过来又与蔡锷相抗衡，则出于黔滇军首脑唐继尧的"小算盘"。在后者的计算下，贵州宪政党人凭借外力的主张，遂能一拍即合。贵州枢密院虽然复电解释并加以劝阻，但唐继尧先遣的黄毓成纵队，已进驻霑益而直指贵州了。至于电文中所指"东日密电"，或即戴戡私拟不通过院议而擅发之电（当时周素园曾力阻，见所著《贵州民党痛史》第七章）。其内容当不外：以哥老会妨害社会秩序为理由，请滇军来黔协助平定之意。上录枢密院致云南电，系在大多数人反对滇军入黔的激情下所发出的，宪政党少数人虽在枢密院占居重要地位，亦不得不勉循众意。

　　将以上电文略加整理后，感到还有值得重视的几点：首先是过去发现或追叙的贵州辛亥革命史资料，涉及全国性问题的较少，看不出贵州对当时整个革命局势变化所持的态度。而这些电文在和议及北伐出兵主张上，恰好弥补了这方面的资料不足。其次从滇、黔关系上，找出了军事、政治的内在联系，见得滇入黔是梁、蔡的蓄谋，而蔡、唐之间又有矛盾存在，等等，因而影响到贵州自治、宪政两党的斗争。最后是通过这些电文，使我们深深体会到，属于资产阶级性质的民主革命，不可能具有彻底性，不可能导致中国人民求得解放。只有在中国共产党领导下，才能将上述那种混乱现象及其以后变本加厉的反动统治局面，一律给予摧陷廓清。因之，述以上电文竟，等于是从近代地方史资料上再一次接受到惊心悚目的阶级教育。

关于引用各电抄稿，是由贵州民革乐景武同志（稼泉先生子）几十年保藏下来的，承同意借用，应在此致以感谢！

1962 年 3 月于贵阳

贵山有关文献及调查情况

最近，为了调查研究贵山情况，将有关的文献资料，现从原书逐条录出，注明卷数页数，附以初步研究意见及示意简图，同时将实地调查情况叙入，以供参考。

一

先将明弘治到清乾隆年间（1488—1795 年）有关贵山的记载，依次录下。因白岩山与贵山有密切关系，亦加以附录。

贵山，在治城北二里，孤峰峭拔，兀出群山。鸦关在其后。有名贵人峰，郡之得名以此。

白岩山，在治城北二里，贵山之麓。岩嶂如削，俯瞰兔场，官道经其下。本朝郡人王训归隐于此。

——明弘治《贵州图经新志》摄影复制本卷 1 第 9 页

贵山，在治城北二里。蜀道所经，又名贵人峰，郡之得名以此。

白岩山，在治城北二里，兔场官道经其下。

——明嘉靖《贵州通志》影钞本卷 24 第 24、25 页

城北二里有贵山，蜀道所经，一名贵人峰。

——明天启曹学佺著《贵州名胜志》原刻本卷 1 第 11 页

贵山，在府城北二里。一名贵人峰，郡之得名以此。

——清康熙曹申吉修《贵州通志》

贵山，在府城北五里。一名贵人峰，郡之得名于此。

读书台，在府城北二里白岩山之半。郡人王训垒石凿池，旁植花卉，为读书之所，遗址尚存。

——清康熙卫既齐、阎兴邦修《贵州通志》

原刊本卷 6 第 1 页及卷 28 第 1 页

贵山，在治城北五里。一名贵人峰，郡之得名以此。

——清乾隆《贵州通志》原刊本卷 5 第 1 页

贵州，在府城北二里《名胜志》。蜀道所经，一名贵人峰（《通志》），郡之得名以此。

白岩山，在府城北二里。兔场官道经此。其下有双水井。

——清嘉庆重修《大清一统志》卷 391 第 2 页（石印本）

综合以上七种记载，贵山的形成，必须具有以下五个条件：

第一，有"孤峰峭拔"的形状。以前人咏诗为证，如贵阳人易綘有诗句云："危峰兀霄汉，缘谁号贵人？伟然自标异，邱垤能比伦？"见弘治《贵州图经新志》。又如吴旦有《贵山耸秀》一诗云："山能博立方称贵，人必孤行始足传。纵使岱山高万丈，若无孔子亦徒然。"见康熙卫、阎修《贵州通志》。吴诗用意有些欠妥，应当批判，但从这些诗句中都反映出贵山的高峻。

第二，与交通孔道和重要关隘相接近。上面记载中有"蜀道所经""官道经其下"之语，可见是贵阳北面交通往来必经之地。而且附近还有一个省会咽喉之地，上题"北门锁铜"的险要关口，即所谓"鸦关在其后"。

第三，是在一个风景幽美、适宜居住的地区。这就联系到白岩山"岩嶂如削"的清奇雄伟面貌，因此王训才选择此地"垒石凿池，旁植花木，为读书之所"。当时徐节有一首赠王训的诗是："先生嘉遁距尘寰，何幸乘间一蹑攀。云影天光池水碧，竹溪松径藓痕斑。敲诗朕得趣中趣，纵目望穷山外山。试问幽栖是何处？阿衡莘野吕公磻。"

把这首诗的封建隐逸情调排除之外，也可以表述贵山山麓的天然佳景和高旷眼界。

第四，不仅位置恰在贵阳城区之北，而且距离很近。根据上面大多数的记载，都说是在城北二里；只有康熙卫、阎修《贵州通志》和乾隆《贵州通志》说是五里。二里，是以老城北门和新城六广门之间为出发点计算；五里，可能是由城区中心大十字作为起点计算，两者差异不大。可见贵山位置绝不会在距离城北五里以外。

第五，要和历史发展情况相吻合。据方志，贵山得名，当在贵州之后，贵阳之前，其间经过五百来年的漫长历史，贵阳既因山阳得名，而贵山名称也开始见于文献记载。接着又从明弘治到清乾隆年间，经过三百二三十年沿袭记载下来，基本上并无异词。

从以上各个条件来衡量贵山，只有今关刀岩一处相符合，而白岩即今八角岩。除此以外，试列举贵阳城北诸山，都不可能引历史文献来加以印证。总起来说，峰势雄拔，白岩在山麓，蜀道经其下，鸦关在其后等等，和关刀岩的现有情况完全一致。

二

但是，在清乾隆以后的嘉庆到咸丰年间，修撰地方志的人们就把贵山的距离推远了，位置也引起变动。主要见于下面这条记载：

> 贵山，去城十二里。锐峰岌嶪，秀插层霄。相传贵州得名以此。山腹有洞，麓有九十九泉。
> ——清咸丰《贵阳府志》原刊本卷33第4页（山水副记）

这一种贵山传说的发生，是和当时封建迷信堪舆说的盛行完全分不开的。据有关记载，清康熙年间的贵州巡抚陈诜（浙江海宁人），针对贵州山形著成《南干龙说》和《贵阳省城移向说》。其中参合着"看地阴阳先生"的迷信说法。大意是说贵阳龙脉来自北面的凤凰山（今凤凰哨附近），行到将近茶店的地方起一个尖顶，这就是"贵山"。由这里分为二支，一支南行经巫峰山到螺丝山，进入老城贯城河以东；一支西行经黔灵等山，从关刀岩"出脉"，进入新城贯城河以西。从他这种迷信观点出发，于是把南行一支认为"正脉"，而主张把贵阳城的"字向"移朝这面。既然"移向"，就不得不把传统的贵山位置转移而且推远了。这就是在距城约十二里茶店附近产生另一个贵山的由来。

值得注意的是，在这段期间也突然出现了"关刀山"的名称。据《贵阳府志》山水副记同卷同页记述：

八角岩，去城二里，一名关刀山，府黉宫脉也。

可见他们把"贵山"的位置移动之后，再把原贵山所在地笼统地呼为八角岩或关刀山。但还是承认它是府学宫的"龙脉"，距城二里也并无改变。另外，同书同页还承认白岩山是"去城二里"，对于原贵山山麓地点更无法任意变更，又不得不依照固有传说。

《贵阳府志》这条贵山记载，和前面引证一系列的记载相对照，独成一种说法，显然是单文孤证。主张贵山距城十二里或茶店附近的传说，可认为它是"贵山别说"。

过去这一"别说"在社会上有相当影响。如民国初年文宗潞著《贵阳乡土地理》一书即主此说。但根据多数文献，结合山势来看，形状既不雄峻，位置又不显著，是否还继续承认它是"贵山"，的确值得考虑。

三

为了弄清贵山的真正位置问题，从 1962 年到 1964 年之间，已由市政协副主席、省文史馆馆员柴晓莲及几位馆员，先后调查过茶店附近的"贵山"。这之后，更由省文化局田兵副局长，会同柴晓莲等两次到八角岩、关刀岩及鸦关进行勘查，并由省博物馆同志登上关刀岩作了初步的测高工作。

接着又由省博物馆副馆长罗会仁同志等再作进一步的调查访问，并对附近的几个山进行测高，据他们详述：

1964年4月14日下午，我们实地调查了关刀岩，情况是这样的。

关刀岩的南坡，接近峰顶的地方很陡，无路可上，但沿着石缝，攀着小树仍然可以上去。山腰比较平缓，并有些小台地，原为梯田，现为蔬菜地。新中国成立后，陆续搬到这里来的居民有百来户。除原来的梯田、梯土外，又新开了很多荒地（大都为梯土），并修了不少小型水塘和拦山沟。当地居民大多数都是最近几年搬去的，所以对该地的原始面貌不太清楚。据群众说，该地原系"四川义园"，坟墓很多，近年因修水利和建房屋取用石料，大都挖平了。至于老屋基、走水池等，更无法找到。因此，明人王训居址和读书台、水池等，都没有找到。但从地形看来，现在有居民的南坡（山腰）台地，古代也是适合居住的。山下到处都是山泉，从石隙中流出。但确指不出"双水井"在何处。

关刀岩与省人委后面（北边）的山峰相距数百公尺，站在关刀岩山顶或山腰看，省人委后面的山峰俨然在它的脚下。不难辨出，关刀山就是贵山，而省人委后面的山峰就是白岩山，山在"贵山之麓"记载也十分明确。今天有居民的地方，果真是可以"纵目望穷山外山"，同明代诗人徐节描写的这一好句，极为吻合。关刀岩北坡比较平缓，与马鞍山（在西边）同一脉络，但并不相连。它比大马鞍山东峰约低数公尺，比大马鞍山西峰约低数十公尺。但大马鞍山无甚特点，从贵阳城往北看，首先看到的就是关刀岩，大马鞍山太明显。至于关刀岩的高度，约为海拔1390公尺，所用测高仪还不能说十分准确。

就距城来说，以大十字或勇烈路口（明代城中心的钟鼓楼所在）为标准，关刀岩在北偏西约24度，以六广门为标准，则在北偏西33度左右。

从关刀岩峰顶看来，"六冲关"后面的山是群山而不是孤峰，当然更谈不上"峭拔""兀出"和"标异"了，但"六冲关"比关刀岩要高。

据群众说，"八角岩"系泛称，从省人委到省防疫站以北，都叫"八角岩"。

将调查情况和文献记载对照，也只有今关刀岩和上述《贵山原说》相适应，至于茶店附近的贵山，则位于六冲关群山之中，看来是毫无共同之处的。除了王训读书台和双水井，因年久湮没或变化以外，其余入川石路，鸦关建筑（小关），白岩部位等，至今依然历历在目。

四

经调查研究的结果，以关刀岩为对象的"贵山原说"，是根据历史传统，一贯记载，山川形胜，交通要隘，地方风物，以及城区的方向，距离等等而产生的。虽然略染一些风水迷信，如说是府学宫（今粮食厅地点）的龙脉来源，尽可以彻底批判，置之不论。而以茶店附近之山为对象的"贵山别说"，显然是来自封建迷信的堪舆说，不待深辩已自然明了。

我们对待一切事物和社会历史，应当抱着"去伪存真"的态度，克服我们的片面性和偏见。对待贵山问题也正是这样。因此，我们初步认为，"贵山原说"是适当的，只有关刀岩一处才比较符合贵山的历史真实。

"黔灵"是怎样得名的

我们只要登上层楼，向贵阳四邻的云端天际回环眺望，便会从西北角上找到一幅大青绿般的重峦叠嶂，那就是黔灵。

黔灵，而今已开辟成为湖山兼胜的公园，改天换地，推陈出新，不但多年来听不到像"姑苏城外寒山寺"那样的夜半钟声，而且游侣如云，终年不断，完全是一片霁月光风的喜人景象了。

这里，且说一下黔灵山得名的缘由。

我记得文献上说，在清初开山建寺之前，本来没有这个山名。只是康熙中叶有个名叫阎兴邦的文人，曾经在北京翰林院看到编写《大清一统志》，包括全国及贵州省贵阳府在内，某山某水，名称全备，单单就是没有黔灵这个响亮的山名。不久，他来到贵州任官，才发现新修《贵州通志》的"山川"一条之下，黔灵山大名赫然在焉。他不觉拍案称奇，诧为"幸遇"。这部志书也就是相传能够倒背《黄历》、记性最强的那位贵州诗人周渔璜等主稿的。从此以后，黔灵山便旗帜鲜明地在祖国西南名山中崭然露其头角。

其实，黔灵山的正式命名还早在开山和尚赤松化缘修庙之时（即《志书》修成之前）。他在募捐的文章中提到："天下……号为洞天福地者，在在皆有，而黔之山川不与焉。岂尽黔山之不灵哉？或亦未得其人，而山之灵不见，山之名亦遂不传（乎）?"抓住一个"灵"字如此大做文章，正说明命名的不是别人，就是赤松本人。据传他的朋友曹申吉等也赞同此说。

　　当然，所谓"灵境"，总是要依靠人力去发现和培植的。天生通"灵"宝玉谁都知道是"满纸荒唐言"嘛。杭州的灵隐、苏州的灵岩、南京的灵谷等等，也一样用"灵"字来增加魅力，号召游客嘛。试问，如果不是位于冠盖往来、名都大邑的好所在，而且出于广大劳动群众的辛勤缔造，诗人画史的笔墨品题，那又"灵"在哪儿呢？不也是和古代的黔灵一样，都是"荒烟野树，人迹罕至"，"羊肠一线，满目荆榛"了吗？

　　"黔灵"之得名也决非偶然。我常常在想，这很可能有"泛称"与"特称"两解：

　　照佛经的唯心说教，灵山会上释迦佛说法，有所谓"拈花一笑"的记载，所以，只要是佛寺丛林，一概可以称为灵山——即灵鹫山的简称，却并非贬称。不是吗？早年弘福寺的大雄宝殿内，就高挂着"鹫岭云深"四个梁间大字。那是清末贵州名书家孙竹雅的如椽大笔，一挥而就的。它真好比画龙点睛，轻轻巧巧地烘托出了一个虚无缥缈的"灵"字。若作为广义的解释，所谓"山不在高，有仙（佛也行）则灵"。排除宗教迷信的成分，根据前人所用"一首诗题遍天下名山"的妙诀，哪处不可以用"灵"字？又不是"只此一家，并无别店"。所以我认为这是"泛称"。

　　至于"特称"，那就要深入一层，更有点讲究了。不少朋友都去欣赏过，黔灵山后二华里左右不是有一个"圣泉"（详情见后）吗？它早年就有"灵漱"之称。其发现远在开山之前（容后详述），尔后一直享有盛名，可见"灵"字早就在这里生根发芽了。从前有人问津寻路，翻山越岭，都少不得要经过此地。行踪所及，由此及彼，由上而下，人们很容易把"灵漱"的命题，移植到山顶而总称之曰黔灵。真好比"文章本天成，妙手偶得之"，你简直不费推敲之力。很可以说，这也算是顺理成章的一个名副其实的"名胜"吧。太巧了！"近在桃源洞，何处其求仙？"水灵山也灵，本地风光，加在一起，结合得很紧凑而又切题。所以我把它当作"特称"。

　　给它取个"灵"字，我认为对黔灵山采取这种态度很好！不像柳宗元给无辜的一泓柳州清溪，安上一个"愚"字那样，任意地叫它作"愚溪"。很显然，这是贬词。对永州人来说，柳子厚是很不够朋友的。如果他还在世的话，至少也应当承担一个"失言"错误。试想，万一有人把黔灵山叫作"愚山"，你会答应吗？

　　话虽如此，仍然不免有极个别的人，对"黔灵"的提法感到有些不舒服。此人就是以善画梅花一种著名的张世准（清末湖南永绥人，贵州候补知县。是齐白石早年的老师）。张某曾在今贵阳黔灵西路开过一所"二酉山房"的裱画店。店门上贴着自作的对联，中有"其黔灵耶"那么一句反问语。不言而喻，在他看来，不管你黔山也好，黔人也好，都只能是"愚昧"，其意若曰"灵在哪里？"，后来激起了公忿，被贵州的一位老名士李端棻（戊戌变法中的进步人士），用"黔灵自有灵"一句干脆的话，"回敬"了过去。张某才偃旗息鼓而遁。黔灵，本来就是采取"灵秀""灵妙"一类的积极意义，用来形容贵州山水，鼓励边疆后进赶上江淮河汉的各省先进，那又有什么不好呢？

万历青花盖罐的有关史料

一、"府"称的解释：明代一般称"府"的，主要是指朱姓宗室藩王的府第。但异姓功臣封公、侯世袭爵位的（其死后追封为王，限于本人），也可以同样称"府"。明初有六大功臣，生前封公、侯，死后追封为王的有：徐达、常遇春、李文忠、邓愈、汤和、沐英等，称为"六王"，其府第就可以称"府"。上面冠以他们的封地或姓氏。如徐达封魏国公，可称魏府；常遇春、沐英可称常府、沐府（南京有常府街、沐府街）。沐英死后封黔宁王，其子沐晟封"黔国公"，世袭爵位，当然可称"黔府"。

二、有关"黔国公"的历史，"六王"当中的沐英，字文英，定远人，为朱元璋的养子，后复本姓。曾经在新疆、四川、西藏等地立有战功，封为世袭的西平侯。后来在云南征服了元朝的梁王，以此便坐镇云南、贵州一带，府第在昆明，卒年四十八岁，死后追封其本人为黔宁王。

沐氏本是世袭侯爵，但到了沐英之子沐晟继位以后，又因战功晋封为"黔国公"，由此代代承下来，直到南明永历年间为止。《明史》也说："沐氏在滇久，威权日盛，尊重拟亲王。"说明其统治相当牢固。传到第八代的"黔国公"，名沐昌祚，曾先后袭位两次，第一次从1571年（隆庆五年）起到1595年（万历二十三年）止，计25年；第二次从1609年（万历三十七年）起到1625年（天启五年）止，计17年，袭位时间共为42年，可谓相当长远。同时他的父亲、儿子都因犯罪，被削爵和"论死"，只有他在中间能保住这个公的爵位。据《明史》，沐氏在云南"置田园三百六十区，资财充牣，善事朝贵，赂遗不绝"，过着奢侈享受的生活。在北京也有府第，如第三代黔国公沐斌，就久居北京。在北京定制"黔府"专用瓷器，这当然是可能的。这个瓷罐的系年款是"万历丁亥"（十五年，1587年），正是第八代"黔国公"沐昌祚第一次袭位的期间。接着不到十年，他的儿子犯罪削爵，他又第二次袭位。或者因这些缘故，一时没有运回云南，而留存北京，乃至不敢公然以"黔府"器物出现，埋藏土内，亦未可知。

三、沐氏"黔府"和贵州的关系：从沐氏"黔国公"的封地范围来看，不仅包括云南，而且把贵州整个西部的广大地区也包括在内。凡沐氏用兵征服过的地方，都纳入他的势力圈里。如毕节、乌撒（今威宁、水城一带）两个卫，就是沐英手上设立的，他还征服过普定。他的后代又在普安、安南（今晴隆）等盘江流域地带，进行过镇压少数民族的活动。这些，都可以说是沐氏的封地。再从明代的行政辖区来看，滇、黔两省，都属于一个总督的节制。这个总督管辖的地方很大，从它的名称上就可以明白看到。如明代前期为"总督四川陕西河南湖广等处军务"，后期为"四川湖广云南贵州广西五省总督"。后来设有贵州巡抚和布政使。属于这些总督、巡抚等行政官吏管辖的地区，其中一部分如贵州西部，事实上也就是"黔国公"的封地。沐氏之所以获得"黔国"封号，正是他在藩臣镇守的制度上和贵州有很密切的关系。万历二十五年到二十八年，讨平杨应龙叛变的明将官邓子龙、刘綎，就是沐氏的"裨将"，这反映"黔府"对贵州具有着一定的军事控制力量。

根据以上情况，这件万历"黔府"瓷罐，固然与云南有历史关系，但在明代分封藩臣镇压少数民族，和地方行政建置沿革等方面，同贵州也有不可分割的历史关系。从某种意义上，很可以适当运用来说明明代对贵州的封建统治问题。

附图

明万历 "黔府" 青花缠枝花卉纹盖罐

杨（粲）墓的制度和人物身份的问题

　　杨粲墓石刻中有二十四个人物形象，冠服各有不同，显示出不同的身份。从有关制度联系到人物身份，是表述墓葬内容的一个重要方面。由于墓主人这样封侯地位、世袭蕃官的葬制，在南宋"术家"地理说盛行之后，也缺乏同类的记载，而目前存在的《大汉原陵秘葬经》（以下简称《秘葬经》），以及一部分□□□□中，也只能找到一些零散资料。从人间生活的有关制度上，结合墓葬制度中的某些方面，参照史实，试图加以探索和论证。

　　结合葬制说，男墓主人身后被封为威毅侯，在《秘葬经》的《盟器神煞篇》和《碑碣墓仪法篇》中属于"公侯卿相"一类，所附的方位图上，有明器（人俑）和石像生的排列名目，可供参考。但杨墓早被破坏，明器不存，亦未发现有石像生，难于互相对证，以说明公侯身份。同时，这是双室合葬，石刻像上只有夫人一人——女墓主人，而《秘葬经》中是公侯等单人墓葬，明器方位上有"夫人之人"，显然与此不符。

　　在葬制的明器（人俑）上，也表现为"从人"一类。

　　若果据《秘葬经》公侯卿相的墓堂图式，明器人俑的属官中，有大夫、尚书、仆射、太保、阁门使、舍人（人俑）等六种人物，还有石像生的舍人一种。这里的文官像应当属于何种官职，很难肊断，也可能近于舍人。和上述安抚使的属官相对照，都不外是墓主人侍从官员的身份。

《秘葬经》公侯卿相葬制中，有"每宫仕女二人"（人俑）的项目，这里的女官可能是属于此类。

若果照墓葬制度说，门外武将的这类形状，可能由《大唐六典》《宋会要辑稿》记载中的当圹、当野（人俑）蜕变而来，又有转化在《秘葬经》王侯卿相墓中，成为"披金银甲，执金银枪"一类的阁门使。门内武将，似乎是镇殿将军，但只是天子、亲王墓才有此制，他墓则无，因此也不能勉强傅会。总之，不如依据史实，说他们是表示安抚使部下的武将身份，较为适当。

一、男女墓主人

男墓主人着宋式长脚幞头，顶部前圆后方，两脚平直。照唐代制度，原属帝王使用，经五代藩镇僭用之后，士大夫也有仿效情况。五代时甚至加长两脚，如"湖南马希范，二角左右长丈余，谓之龙角"。汉主刘䶮也长过一尺。南宋朱熹对这种幞式，曾发生过"不知几时展得如此长"的怀疑，实际上可能开始于唐代后期，而盛行于宋代，以至"纱幞既行，诸冠由此渐废"了。宋王朝采用此式，在朝臣中还有"防人偶语"的作用。宋代着幞头的都带有官职，而着这种长脚式的，只是帝王、贵胄、重臣和在他们周围的重要官员。文献上虽无明确记载，但从南薰殿宋代帝王、名臣画像上，从南宋肖照《中兴祯应图》以及永乐宫元代壁画宋徽宗举行"千道会"的幅面上，都可以清楚看到。至于优伶人物也着这种幞头，那只是出于摹仿罢了。男墓主人着这种幞头，正是表明他身跻于帅臣之列的显要地位。

男墓主人的腰带，在襟部与腹部之间分成两围，重围在胸前，结束于腰间协下，露出蛇尾。这种束带的方式，常见于宋代绘画、壁画以及木刻画中。从人物的侧面看去，便可明了。由于男墓主人是正面像，遂不可能表现出蛇尾。下围带上有饰物三块，很可能就是"方团铐"。铐原是用在身后带上，但也有从侧面绕向身前的情况，见于唐韩滉《文苑图》和宋仁宗画像上。后来移用到身前，从宋到明的人物画上也经常可见。如宋范仲淹、岳飞像和宋人《十八学士图》上，都从正面露出带𬭸。因此，这里把带上饰物看成是𬭸，也是合理的。带𬭸关系到品级问题。宋沿唐制，大体"五品以上皆金带，至三品则兼金、玉带"，其下服铜、铁、角、石、黑玉之类。玉带、金带往往出于御赐，受赐玉带的多是亲王和勋旧，帅臣及蕃官受赐的多是金带，如杨惟聪曾被赐金带，西南罗蕃被赐金镀银腰带，即使男墓主人死后封侯，也只能是受金带之赐。据此，所服用的应当是方团𬭸的金带，相当于累赠他的五品至四品的官阶。

男墓主人身着圆领广袖袍服，即当时的公服。宋制，四、五品官服绯，六、七品官服绿，以下服青。到南宋因服制紊乱，曾经重加规定，大夫以上才许服绯。在发掘之初，男墓主人像的袍服上还留有涂饰红色的残痕（现已不存在），对照五品的章服制度，正相吻合。

据文献，男墓主人的官职是播州沿边安抚使，其史迹详见墓主人史实考一章。这里，只谈与这一官职有关的几点：第一，播州杨氏在宋代经历过本族巡检——知堡——沿边安抚使等三种官职，是逐步升迁的世袭蕃官，不是由宋王朝派出朝臣充任的安抚使。第二，职权与辖境不算大，不及宋代各路安抚使和掌握筹边大权的经略安抚使，只能作边区蕃官看待。第三，加上"沿边"字样，对所属寨堡官有任免之权，便于调度指挥。第四，随着抗金抗元局势的发展，播州已处在"控制京西，与旧不同"的重要地位。在这个形势下，宋王朝于是在播州设置沿边安抚使，而由杨粲膺任此职。对照上述官服制度，更可以理解他的身份。

女墓主人的石刻像，身着对襟广袖长帔，内着饰有如意云纹边缘的抹胸，下现裙边，露出尖头鞋。这类服饰在宋代侍女画中是常见的。现在在长帔开襟的边饰上，还存在着彩绘花纹的线条痕印。帔上涂饰的红色残余，也还隐约可辨。照唐、宋"妇人从夫之色"的服制，她同样也应当服绯。只可惜头部在发掘之前早已被毁，其发式、冠饰如何已无从推想了。

二、侍童和侍女

男墓主人左右，立有侍童二人，均着圆领窄袖长衫，科头无帽，发式作下垂卷曲状。其一手捧方形印盒，此类印盒已见于宋代画像砖上。其一手捧一物，如横轴而略扁，包有外层，两端下垂。照形制看，很可能是朝笏。童子捧笏，在明代的人物画中也有此类形象。由于朝笏贵重，文献上有"紫纱囊之""紫皮囊之"加以保护的记载，所包的外层应当是笏囊。按照笏制，"自西魏已降，五品以上通用象牙，六品以下兼用竹、木"。宋代大体仍沿此制。墓主人累赠官既然在五品以上，可能就是表示象笏（按宋式长约一尺二寸），当时又称为象简，是朝见帝王专用的礼器。这里一印一笏，两相对称，其用意在于炫耀墓主人的官位。

女墓主人也有两个侍女，外着圆领窄袖短衫，内着长衣及衬裙，左右垂双耳如意结的长带，下露尖鞋，立于踏床之上。所着幞头前圆后方，中缀繁花一朵，两脚方折上翘如曲尺形，双鬟呈露。女性的幞头，在五代汉的仪卫行列中，已有着弓脚幞头之例。宋代宫廷向帝王上寿时，有教坊司的脚色和女童入场献技，着"卷曲花脚幞头"，或者"裹有曲脚向后指天幞头，簪花"。很可能就是这类样式。在宫廷及教坊司的影响下，沿边安抚使也未尝不可仿效，因而用在侍女的头上。两个侍女中，一人手持长柄镜，与墓中出土的带柄镜和同式宋镜相印证，说明是当时常见的镜样，只是大小各有不同。侍女持镜，在唐、宋画卷和壁画中都可以找到人所持的不是长柄，表明它们是同属一个类型。另一人捧的是"执壶"，联系持镜侍女来看，可能都是妆具的性质，所盛贮的当是梳妆掠鬓的郁金香油之类，而不可能是酒壶。但与唐、宋绘画中持酒壶的侍女相比较，表相上也有相近之处。

这些侍童侍女都是奴婢性质。据唐以来的记载，他们的来源大都是出于买卖、掳掠或籍没入官的子女，很少见来自雇佣的记载。特别是"南口"和"蕃口"（有贵州地区在内），更是被当作奴隶贩卖的对象。在蕃官的统治下，其奴婢来源，当不出于上述各种范围。因此，他们对主人存在着牢固的人身依附关系。尽管衣服丽都，居处优越，也不过是接近主人，在奴仆中较高一筹而已。

三、文官和女官

男墓室有文官二人，在东西两壁相向而立。着顶前后皆方的幞头，较墓主人幞头的两脚稍短。宋代着这类幞式的人物，如上所述，其中有亲近侍从在主官周围活动的官员。南宋《中兴祯应图》中，在使臣赵构的随从官员，也就是着这种幞头。文官既是侍从的属官性质，在当时播州又是仅次于沿边安抚使地位的重要官吏，所以也用这种幞式。所捧物件，应当是笏，与侍童所捧的象笏不同，但与南唐二陵捧笏男俑所持者却完全相似。宋代除去长笏外，还有一种小笏，可能是这一种。这里的文官执笏，不是朝见帝王所用礼器，而应当是在随侍墓主人时作为手边记事的工具，似以称作"手板"为宜。文官的职分当然较墓主人为低，位于六品以下，所用的手板只能是竹、木制成。所着的广袖长袍，按照仅次于墓主人衣绯的地位推断，也应当着六品以下的青、绿两个服色。束带则应为铜、铁、角、石之类。

文官是最接近墓主人的侍从官员。根据宋代安抚使的制度，"其属官有无及员数多寡，皆视其地望之高下，与职务之繁简而置之"。因此，虽然不同于较大的各路安抚使，大量设置属官；也不会如《遵义府志》所说，不过总管、把目之类；更不会像牂柯蛮等蕃部任意设置属官，擅主名目。比照播州沿边安抚使的地位，可能设置参议、主管（或书写）机宜文字、干办公事、准备差遣等。不至如《遵义府志》所说，只有把目、总管之类。在杨粲墓志残石上，正好留有"主管机密文字"等名称，就是一个确证。通过石刻文官形象，也可以反映他们的身份。

女官位于女墓室的两壁，与男墓室文官的部位相同。着前后皆圆的幞头，两脚下偃而稍翘，当即朱熹所说的"偃脚"，也属于"卷曲脚"之类，与软脚幞头式样颇为相近。幞头下双鬓宛然，刻画出女官的特有形貌。所着为圆领窄袖的长衫，也有束带，但服色和带式在文献上缺乏记载，无从考辨。女官之一捧的是六方形奁具。此类四方或六方形的奁具及捧奁人物，在汉、唐实物或绘画中都可以看到。其一捧的是幅状物，可能是名贵的锦缎之类。唐人《纨扇仕女图》中的捧物人像之一，就类似这种姿式。连同上述侍女的捧物来看，镜、壶、奁、锦缎四项，都是妆阁常用之物，说明她们是为女墓主人服务的。

在沿边安抚使统治下竟然设置女官，其品位如何？在制度上无可依据，但与男墓室文官位置相同，身份和待遇必然与之相近。

四、武　　将

男女墓室内外共有武将八人，所着盔式，一般上竖盔缨，并有翼状护耳，有的在抹额处作狻猊形。所着甲式，有掩膊、胸甲、腿裙等部分，均作连锁纹，胸甲也饰有狻猊。当属于"钢铁锁子甲"一类，为南宋精良的卫体武品。武将持有弓箭、斧两种兵器。弓箭是南宋边防上有效的射远器。当时在各堡寨建筑楼橹，训练蕃汉弓箭手，可见其重要性。斧有"上摏人胸，下斫马足"和破盾牌的作用，为南宋抗金战场上的重要砍兵。当时韩世忠部的武器号称精锐，有狻猊鍪、连锁甲、克敌弓、长斧等，其"遗法"在南宋兵制中曾加以仿行。播州杨氏在建军上以宋制为依据，既训练□手军，更可能采用宋军中盛行的武器，表现在武将形象上不会是偶合的，也多少反映出时代背景。与南宋曾公亮《武经总要》的有关样式相比较，有同有异，可补上述兵器形制的不足。

安抚使有"辟置僚属将佐以治兵"的权力，文官、武将都可以自行任用。所属武职人员中有巡检、巡尉、把截将、寨将等，武将石像可以看成是他们的写照。

五、进贡人与承柱人

进贡人像，男女墓室各有其一。这种人物谱式，主要来源于古代的《职贡图》（即《王会图》）。据故宫藏传唐阎立本作的一幅，其中有卷发裸体，双手持宝盘置于肩上的人物，其他有手足带环的情状。又据宋摹梁元帝本《职贡图》的蕃国使臣中，也有裸体（如狼牙修国使）和卷发的人物。在形象上都是属于这个类型。另外在山西大雁塔门楣上的石刻线画中，也有一个顶承盘状物的矮人，可以参证。宝盘的形式，散见于宋、元、明的画卷、壁画、版画中，所盛的不外是珊瑚宝树、宝珠、犀角、象牙、金银锭等珍贵物品，有的也绘上毫光，表示不同凡物。这里的宝盘也盛有类似的珍物，朝上放出半轮状的光晕，正说明其性质相同。这些图像的用意，是在表现向帝王、神佛贡献顶礼的事迹。结合古代边疆蕃官对封建王朝的关系来看，进贡方物是历代重要政治任务之一。因之乘机向各族人民榨取，并将一部分据有，是完全可能的。就连《南史》记载中，广州前后刺史都有中饱贡品当作"私蓄"的情况。这一石刻，正是表述播州各少数民族对墓主人纳贡的重要史实，因此可定名为进贡人（播州民族关系，参阅本报告墓葬特点一章）。

与进贡人排列部位相接连的是两个聚宝瓶的形象。瓶作瓜棱短颈式，卷口有底座。其一光气交错纠结，作如意云纹；其一作光气上冲势，都暗示出中藏宝物。在上引阎画《职贡图》以及西藏木刻佛画《释迦降生图》和贡品图中，都可以寻出意义相同的宝瓶，仅形制上有所区别。宋代西南蕃官包括杨粲在内，从茶马市、屯田等方面进行剥削，乃至从"蛮僚"人民的诉讼中"科罚钱物"，压榨勒索是无所不至的。聚宝瓶正是显示他们发财致富的征兆。

承柱人在男女墓室各二人，其造型也有一种谱式。主要是从表相上摹拟佛像须弥座下的力士，其形制见于五台县南禅寺大殿、赵城广胜寺下寺大殿以及侯马金墓等处的佛座下。在唐廉琮等造像碑和一些造像碑上，也发现头顶贡品类似的人物形象。其次在出土的仆侍俑一类中，如武昌莲溪寺东吴墓、太原金胜村三号唐墓等，都发现跪状或蹲状的人俑，形象上都有类似之处。这里的承重人袒胸露腹，两足一跪一蹲，承托的不是须弥座而是墓室中的大柱，都屈膝在墓主人的足下左右。其性质显然不同于座下供奉佛祖的力士，而近于仆侍俑，应作为被奴役的劳动人民看待。

上述的宝盘、宝瓶和承柱等形象，很可能受到佛教、道教仪制上的影响。联系镇墓神符来看，佛、道两教已传布到播州，间接地反映到墓葬石刻上，而与墓主人及后代的宗教信仰有着一定的关系。

六、启门妇人和童子

男女墓室各分为男童和妇女，依性别安排其位置。这种人物形象已详见《白沙宋墓》发掘报告中，可以参阅。据宋人邓椿《画继》有关的一则，认为是当时院画家"以新意相尚"的题材之一。这一种时行的人物图景，被运用到墓葬方面是很可能的。启门其实是守门。在此以前，如唐代永泰公主墓的线雕壁画上和韦洞墓的石椁上等，都有男女守门人物，不过那是双人而已。古代贵族官僚重门叠户，除治公的阁门有多人看守外，看守内院阃门又有童仆。后者只能管门户启闭和内外传呼、传递的责任。其地位还够不到贴身服伺主人的资格，是一种比较卑下的奴婢。从这里启门人物的形象看，也不难辨识他们的身份。

附图

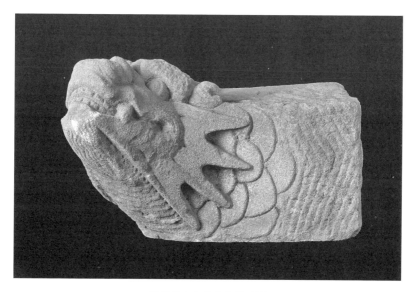

杨粲墓女室出土龙首石刻

杨粲墓女室出土龙首石刻

杨粲墓女室出土石刻

杨粲墓女室出土石刻

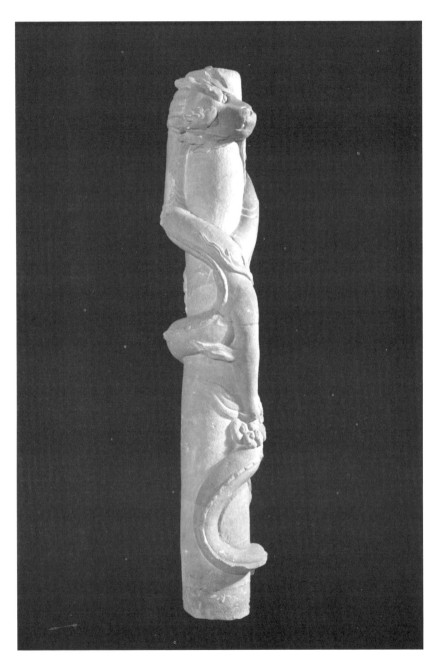

杨粲墓女室出土高浮雕石虎柱

杨粲墓女室出土捧奁女官石刻

杨粲墓女室出土少女启门石刻

杨粲墓男室石刻

杨粲墓男室石刻

杨粲墓男室石刻

杨粲墓男室石刻

杨粲墓石刻所反映的人物地位及其冠服制度

在杨粲墓石刻中，表现出各种人物的不同形象，为了辨识它们的地位和相互间的关系，有必要将宋代杨氏任官情况，加以汇述。按照宋代的官职品位，大体分为职官、散官、爵、勋等四类，沿袭唐代制度而有所变化。其中的前两类，在官制上最为重要。职官是宋王朝授予的实职，在赋予军事、政治方面一定的实权，在封建中央如六部尚书和侍郎、三司官、九卿、太尉等，在地方如经略使、安抚使、知州以及巡检等。有文职、武职之分，还有职位大小的区别。散官，又称作散阶，它是用来确定品级的，即宋王朝授予官吏的品级。一般分为九品，有正有从（如正一品、从一品、正二品、从二品等，以下类推），又分为若干个阶。阶的主要作用，是借此区分各级官吏穿着紫、绯、红、绿、青等颜色"章服"的标准。散官的官阶如武□大夫、□武郎等等，名目繁多，也有文武大小之不同。

宋代杨氏的官位，一般是属于"武阶"，所任的实职也以管军为主。他们的品级和实职，载在《杨氏家传》和《宋会要辑稿》里面，结合《宋史·职官志》《文献通考》分列如次：

品级

   杨贵迁 武功大夫（正七品）

   杨光震 从义郎（从八品）

杨文广　武节大夫（正七品）

杨光荣　银青光禄大夫（从二品）检校国子祭酒（从四品）、
　　　　监察御史（从七品）

杨惟聪　修武郎（正八品）

杨选　　修武郎（正八品）经武郎（从七品）

杨震　　承节郎（从九品）

杨霖　　秉义郎（从八品）

杨轸　　秉义郎（从八品）

杨轼　　承忠郎（正九品）武节郎（从七品）

杨辙　　承佟郎（从九品）

杨炳　　修武郎（正八品）

杨粲　　武翼大夫（正七品）死后累赠右武大夫（正六品），
　　　　吉州刺史（虚衔，从五品），左卫大将军（正四品
　　　　或从四品）

杨价　　死后赠开府仪同三司（正一品），威武宁武忠正军
　　　　节度使（从二品）

杨文　　武德郎（从七品）阁门祗候（从八品）武功大夫
　　　　（正七品）阁门宣赞舍人（从七品）右武大夫（正
　　　　六品）左武大夫（正六品）亲卫大夫（从五品）
　　　　中亮大夫（从五品）

实职

杨文贵　蕃首部指挥

杨光震　播州夹界巡检沿边都巡检使

杨光荣　白锦堡"摄堡事"即"知堡"蕃官夷界都巡检□管
　　　　勾播州夷界都巡检

杨惟聪　白锦知堡

杨选　　白锦堡知堡

　　杨震　　珍州遵义寨沿边管界同巡检

　　杨辙　　南平军播川城同巡检

　　杨炳　　遵义沿边管界都巡检

　　杨粲　　播州沿边安抚使

　　杨文　　同

　　从以上列举的材料中，可以看出这些情况。宋代沿袭唐代旧制，品级与实职，即散官与职官，常常是不相配合的。有时"职高散卑"，有时"职卑散高"。在宋代杨氏早期的任官中，就有职卑散高，即实职较低而品级较高的现象。如杨光荣只是"都巡检"和"知堡"的卑小职位，而宋王朝在官阶上竟承认他有从二品银青光禄大夫的资格。这在一方面说明当杨氏献地之初，宋王朝对边境蕃官示以怀柔和羁縻之意，故不惜给予较高的品级；另一方面说明杨氏辖地刚刚纳入宋王朝的版图，初设的州、军、堡、寨还不够巩固，其"尾大不掉"，"鞭长莫及"，故不能假杨氏以较高职权。早先在官阶的授予上是比较放松的，但献地以后，随着军、堡、寨的先后建立，官阶的授予就严格了。只看文献上从杨惟聪到杨轼，都是正九品到从七品的官阶，就可以了解其中的道理。至于实职给予的严格那就更加明显了。在杨粲以前的记载上，大致都是巡检或知堡，最后才由宋朝授予沿边安抚使。几乎经过整个宋代，杨氏这个职位也还是得来不易的。

　　为了解杨氏先后的实职，不妨把巡检、知堡、沿边安抚使的性质任务加以分述：

　　巡检，据《宋史·职官志》："有沿边溪洞都巡检，或蕃汉都巡检，或数州数县管界，或一州一县巡检。掌训治甲兵，巡逻州邑，擒捕盗贼事。"有巡检、同巡检、都巡检（大者加"使"衔），每个州、军的巡检，有设三、五员者。他们拿住逃兵一人，赏钱二百，盗贼一人，赏钱五百。沿边巡检手下有士兵数十人。当时在"播州夷界""播川城""遵义寨"都设置有巡检。它主要是防守边界的武职官吏，地位是低下的。

知堡，《宋会要辑稿》记载有"沿边防守知城寨堡官"的职务，并说他们的开支多是出于自筹。往往借控诉案，敲搰少数民族人民的钱财。知堡与"镇寨友"地位相近，也是一种低下的官职。

沿边安抚使，据《文献通考》，在宋代前期是一种"不常置"的官吏，他们"掌总护诸将，统制军旅，察治奸宄，以肃清一道，凡兵民之政皆掌焉"。又据《宋会要辑稿》："安抚使，诸路灾伤或边境用师，皆特遣使安抚，事已则罢。"他们的衔名上分别任务加上"经略""沿边"等字样，一般是帅臣充任，赋予很大的职权。他们都是由宋王朝中朝派出的官吏，随时调换，不像世袭的蕃官那样，是一点也不能调动的。南宋以后，采用李纲建议，在沿河、沿淮、沿江设置安抚使，还有较高的安抚大使，此后差不多成为常设官吏。而在播州的附近，早设有泸南沿边安抚使。到南宋末年，夔州路的官吏认为播州的地理形势愈来愈重要了，他们在奏报中指出"南平军边面"，包括播州在内，其形势"控扼京西，与旧不同。理当增重事体，遵秉便宜"。在这个请求便利的条件下，不但当在夔州路方面专置一员安抚使，而且也为后来设置播州沿边安抚使预先提出了理由根据。但具体到播州沿边安抚使来说，在所有安抚使当中可算是较小的一个了。论官阶只是正七品的武翼大夫，论辖境地位远不如沿江、沿淮的重要，特别是他们世代承袭的蕃官，而不是中朝大官以堂皇的帅臣称号出任，同时一般安抚使是以"逐州知州"充任，而宋王朝并没有正式给杨氏以"知州事"的官职。这一点更说明它的特殊性和宋王朝对于杨氏待遇的分寸。但是，长期以来，由巡检争取到安抚使，由郎官争取到大夫，事实上确是高升了好几级。

安抚使下属都是设有属官的，安抚大使属官名目更多，有参谋、参议，还有主管机宜文字等等。安抚使也有参议，并有主管机宜文字、准备差遣、准备差使、差使副尉、下班祗应、听候使唤、指使以及派在界内的巡尉、寨将、把截将等项目。照宋王朝规定："其属官有无及员数多寡，皆视其地望之高下，与职务之繁简而置之。"南宋以后，据李纲建议，更"许其便宜行事，辟置僚属将佐以治兵"。而且对城寨官也有"辟置"和"铨量"之权。这说明他们的属官名称并无硬性规定，而对于本衙属官，以至辖地内防守城寨的官吏，完全可以自行选拔任用并加以考核。

具体到播州沿边安抚使来说，它既是南宋正式授任的官职，设置部下属官，也必然有一定的依据。它不会同于宋代贵州地区其他土著如"牂牁蛮"那样，在首领之下可以任意设置将军、郎、司候、司阶、司戈等职位，有的甚至有谏大夫、刺史、王子等"不服王化"的称号。杨氏不可能采用。它和安抚大使也不完全相同，所设置属官，如上述安抚使名下的那个□□属官，在杨氏设置属官的时候，是会比照成例或多或少地加以采用的。何况南宋末期，王朝对杨氏颇为倚重，怎样设置属官，更不会多加过问。因此，杨氏衙内界内所设置的属官，虽不尽同于上述的项目，样样皆备，但如条议、主管机宜文字（杨粲墓志铭就有属下"主管机宜文字"的人员）、供差遣、使换以及巡尉、寨将等职，至少是不会欠缺的。以上情况说明一个总的问题，即杨氏虽然是独霸一方的世袭藩官，但它的官职，不论上下大小都不会是凭空杜撰，而是以宋王朝的官制为依据的。

列举了杨氏各代，尤其是杨粲一代的官阶和实职，便可以用来参证墓葬石刻中各种不同人物生前的实际地位，从而揭示出他们之间的阶级、等级的相互关系。现在从这方面进行排队分析：

1. 杨粲夫妻两人都是端坐居中，结合周围人物及各种铺张设备，已足够说明安抚使及夫人的品位。他们的服饰，以及如同"阃帅"衙门乃至王侯府第的排场，显然是安抚使生活的写照，而不可能是知堡、巡检等小官所能比拟。

2. 文官和女官肃立两厢，文官执笏，表明是左右亲信的直接僚属，照上述体制，相当于"参议""主管机宜文字""干办公事"等较重要的地位。女官执奁具和"锦绣段"之类，也表明她们有属官资格，或者取得了等级相同的某种待遇。

3. 武将墓室内外都有。其职位相当于"巡检""巡尉""寨将""把截将"之类，督率"土兵""家丁"等，在内则护卫安抚使衙门，在外则巡逻辖境或防守边界。

4. 侍僮和侍女是墓主人身边侍立两侧最接近仆从人物，侍女品即《周礼》注所谓"侍史""官婢"之类，本系说不上属官。但她们的地位既由安抚使任意决定，给予"准备差遣""听候使唤"的待遇或官名，也很有可能。如侍女分别手持镜和油壶两项妆具，而首着幞头，就是一个获得属官待遇的证明。

5. 启门的童子和女童。随男女墓室之不同，启门的小童也分男女，很明显，他们是卑小的奴婢，女童头有双鬟（即丫鬟），他们的地位，还不够墓主人贴身服侍的资格，只能守住内院门户，当里面唤人或外面求见的时候，司启闭和传呼的责任。

6. 承柱人是被奴役压迫的劳动人民形象，沉重的柱子压在肩顶上，使他们起柱础的作用。在这里，和佛教殿堂建筑用金刚承柱的手法略同，而含义绝对不同。

7. 进贡人两室都在墓主人龛位的左边，他们同承柱人一样，都是被压榨的劳动人民，特别表现出少数民族劳动人民在杨氏统治下，被迫将自己血汗换来的物质财富，向杨氏一姓纳贡的情况。进贡人所顶的"盛盘"中，是金锭、象牙、珠颗等宝物，如《诗经·鲁颂》所称"南金""象齿"等，都是古代西南地区最珍贵的职贡方物。照说是应当是向封建王朝上贡的，但地方官吏就有中饱的事实。《南史》广州前后刺史就将"方物之贡"当作"私蓄"，杨粲当然可以"效法"。配合右上边的"聚宝瓶"形象，更说明杨氏从茶马市，从屯田，从处理少数民族诉讼的罚款等方面的经济榨取和勒索，是何等的深刻和残酷！还应当指出的是，进贡人的图画形象，其根源是出于梁元帝萧绎的《职贡图》和唐阎立本的《王会图》，原图虽不可见，但在后代的其他传本中，乃至清乾隆的敕撰本中，就可以看到相类似的形象。这种出于王朝御制表现边疆各民族朝贡关系的图式，杨氏竟悍然搬用到自己的名下，远远超过制度以外，在全部石刻中可算得最为突出。

辨识了石刻中的人物地位，进一步应该探索到冠服制度和室屋制度等方面，依据文献逐项有所推论。

幞头是南北朝末期后周武帝开始应用的。所谓"以皂纱全幅，向后幞发"，就是它得名的由来。经历隋、唐，到宋朝更大量采用。其使用资格和制作情况，《宋史·舆服志》说："幞头，一名折上巾，……国朝（宋）之制，君臣通服平脚。乘舆或服上曲焉。其初，以藤织、草巾子为里，纱为表，而涂以漆。后惟以漆为坚，去其藤里。前为一折，平施两脚，以铁为之。"宋朱熹的《朱子语录》更有幞头的详细记载，不赘引。自从宋代幞头盛行以后，历代君臣传统的冠冕，就只有在各种大典时偶一用之了。寻常的上朝升衙，都是戴着幞头。幞头两脚有几种形式：一种是平脚，又称为长脚，明代称为展角（长一尺二寸）。出现"左右横之"的形状。一种是曲角，也可称为翘角，据说皇帝本人及侍卫应用，但也有明确规定。一种是偃脚，也可说是垂脚，皇帝和官吏都可服用。杨粲石像和男室文官所戴的都是平脚幞头，就上述官位说，大致是适应的。女室文官所戴的是偃脚幞头，已经不对了，只是侍女也居然戴上"簪戴"（叩簪花）幞头，竟同于封建王朝中举行祭、庆大典时各朝官和新进士的冠带，在制度上说不过去。

章服。宋沿唐制，各级官皆有一定的服色，如四、五品官服绯，六、七品官服绿，以下服青。到南宋时便趋于紊乱，连从九品的承务郎都可以服绯、绿。后来重加规定，要大夫以上才能服绯。杨粲像宽袍大袖的当然是公服，也是朝服，极易辨别。而所服的颜色，虽然石刻无法表现，但以他官终武翼大夫而论，应是服的绯色（红）。照唐宋服制"妇人从夫之色"的成例，杨粲妻也必然是"衣绯"。我们却从她石刻像衣服涂饰的颜色上，找出了红色，这就是一个例证。至于杨粲像的"衣绯"，由此也可以提供一个旁证。另外文官的石刻像，照说是不入品流无服制规定的小官，其服色是不易拟议，但绯色以下，为绿为青，只要不超过杨粲，着绿、青两色也大有可能。

束带。官吏的束带在宋代有玉、金、银、犀、铜、铁等之分，使用者也有官职高下之分。除了以玉带赐王公重臣外，金带就不免滥行赏赐。即如正八品小官的杨惟聪，也得过"金带锦袍"的赏赐。杨粲不是王公重臣，所用的也应该是金带，但他的官位较杨惟聪高，宋王朝如果要赐予玉带，也有可能。照石刻上的束带形制看，可以暂时品定它是三胯（三块）的玉带。

朝笏，从西魏以来，经历隋唐，五品以上通用象牙，六品以下通用竹木。宋代仍沿此制。笏长二尺六寸，宽二寸。杨粲生前任官和死后赠官，从正七品到四品，使用象笏是很可能的。杨粲石像右边的侍从人手中捧的应当就是象笏，其表面似用纺织品包裹，如横轴而略扁，右端缠绕作下垂状。据文献，朝笏有"紫纱囊之""紫皮裹之"的记录。与这一形制正相符合。与左边侍从人所捧之印相对称，一笏一印，也很合理。有的以为是诰封敕书之类，也可备一说。男墓室文官双手所持的物件，也应当是笏，其形制较小。考宋代杨伟上朝也有"秉小笏"的事，可见当时笏式大小并无严格限制。这种小笏的形式，在宋代还应用到文房用墨的方面，如墨若干挺（锭）往往称为若干笏，也是一个侧面证据。依笏制，这些石刻文官执笏是可以的，他们应当是位于六品以下，所用的笏只能是竹木所制。问题却在于，在安抚使衙内进行谒见和侍立于旁的时候，应不应当执笏？据汉刘熙《释名》："笏，忽也。君有命则书其上，以备忘也。"宋朱熹也认为"笏只是君前记事，指画之具"，可见主要是朝时才加以使用。其他国家大典也可以执笏。而石刻上杨粲属下的文官，也俨然执笏，这等于是以杨粲为皇帝，而杨粲也自居不疑。以宋代制度衡量，恐怕通不过去。

斧钺和弓箭，古代"仗钺专征"的武臣，应居于统帅的地位，宋代称为"阃帅"。用钺就是兵马大元帅特殊权位的象征。安抚使位同"帅臣"，正要显示这种声威。弓箭在铳、礮尚未普遍应用的宋代，特别是以弓弩和楼橹为重要边防设备的边疆，也是当时最精锐的武器，加上甲胄在身的武将，更表示他们的坚劲无敌。杨粲墓武将石刻，手中所持武器，不采用刀矛之属，而选择这两种，不但具有上述用意，而且也符合它的时代背景。

室屋及设备。按照宋代的"臣庶室屋制度"，在封王朝以外地方官的"治事之所"，都称为"衙"。衙的建筑制度，并无详细规定。但文献中很少发现重拱藻井，雕梁画栋侈如宫廷的记载。尤其是南宋偏安，连皇帝所居也不过是杭州的州衙，所谓"惟务简省，宫殿尤朴"。从墓葬石刻中反映的室屋建筑及设备看来，显然有侈靡过分之处，有的地方不能不说是违碍制度，如龙柱等（留待后论），再如窗牖上设置的屏，近在杨粲自己右侧，不能不令人怀疑。

播州遵义建置沿革

　　在元世祖忽必烈至元年间，应杨汉英的请求，设立了播州军民宣抚司。随后又改为播州沿边安抚司，管辖黄平等十一处长官司，先后归四川行省、湖广行省节制。这时辖境更加扩大，南面有今余庆、瓮安、黄平、福泉四县在内，北面抵达今四川綦江。由杨氏任宣抚使、安抚使的职务，为"土官"性质。

　　明代前期设立播州宣慰司，辖境范围大体和元代相同。同时设置播州长官司，其地位和辖境，相当于今遵义县市。宣慰司属于四川布政司，同时又受贵州思（南）石（阡）兵备道的节制，形成四川管政、贵州管军隶属两省的情况。到明神宗朱翊钧万历二十五年至二十九年（1597—1601年），在讨平了杨应龙的"叛乱"之后，开始将播州改建为遵义军民府，并设置遵义县。设置"流官"，结束了"土官"的统治。府辖境包括今遵义、桐梓、绥阳、仁怀四县和正安一州，属于四川布政司。另外将播州一部分原辖地，包括余庆、瓮安、黄平、平越等划出设县，建立平越军民府，属于贵州布政司。从此，今贵州乌江以北广大地区，都划归了遵义，府境的范围大体确定，不再牵涉到乌江以南的地方了。

　　清代建置沿袭明代，遵义辖境仍然是四县一州，属四川。但在清世宗胤禛雍正五年（1727年），将遵义一府划归贵州，因而使贵州省的疆域扩大，行政统辖关系也从此完全确定。后来在仁怀县辖地设温水汛，并在今赤水县建立仁怀厅。

民国以后的建置情况改变不大，先后将遵义地区划归黔中道和第五行政区管辖，不必详述。

根据上述建置情况，可看出有四个关键：（一）从汉代水道，即温、黔、鳖三条水和延江的汇合关系上，辨识出今遵义专区属于汉鳖县的故地。（二）唐代才开始有播州和遵义县的名称出现，但它们的治所是在今绥阳方面；而设立在今遵义境内的，则是带水县。（三）宋代的遵义军、遵义县仍然设在今绥阳方面，播州城和播川县却在今桐梓县境。随后都归属于播州沿边安抚司，司的治所才确定在今遵义市、县境内。（四）在明代未设遵义府以前，隶属关系的变化较大，设府以后即属于四川。到清代前期才划归贵州，其隶属关系从此不再改变。

播州、遵义建置沿革概况表
（从汉代起，至清代止）

时 间	建置名称	治 所	疆 域	隶属关系	职 官
汉—三国	鳖县	在今遵义、绥阳、桐梓县境内。	相当于今遵义、绥阳、湄潭、凤岗、务川、正安、（西南部）、桐梓等七县境地。由东至南，以今乌江为界，由西至北，以今金沙渭河为界，达于今仁怀县境。	先属犍为郡，郡治初设在鳖县内，后属牂牁郡。	犍为郡、牂牁郡有太守，鳖县应设令长，但记载不明。
晋—宋、齐、梁	鳖县	治所不明。	与汉代基本相同。	西晋属平夷郡，东晋属平蛮郡。	平夷郡、平蛮郡有太守，鳖县设令。
隋	（牂牁县地）	无治所	相当于今遵义、桐梓县境。另在今绥阳地设绥阳县，属明阳郡。	属牂牁郡牂牁县。	牂牁有太守，县应设令，亦记载不明。

续　表

时　间	建置名称	治　所	疆　域	隶属关系	职　官
唐—五代	播州播川郡遵义县 带水县（先名柯盈县）	州、县治均在今绥阳县境内。 在今遵义境内。	相当于今遵义、绥阳及正安部分地区。	县属播州，州属黔中都督府。五代时为前蜀、后蜀及楚的属地。	初设郡，有播州郡太守。后改州，有播州刺史等。多为"谪官"。
宋	播州（城）播川县 遵义军遵义县 （白锦堡）播州安抚司	先在今桐梓，后移今遵义县内。 在今绥阳县内。 在今遵义市。	（城）县相当于今县辖境。 军相当于今县辖境。县（堡）相当于今县辖境。司辖境相当于今遵义、绥阳、桐梓县，逐渐扩大。	属夔州府南平军。 遵义军、县属荆湖南路珍州。	先后有播州城同巡检、遵义沿边管界同巡检、白锦堡知堡，最后升为播州沿边安抚使。皆为"土官"。
元	播州安抚司播州宣抚司	司治在今遵义市。	辖境相当于今遵义、绥阳、桐梓县，兼及湄潭、瓮安、黄平县境。	先属四川行省，后属湖广行省。	先后置播州安抚使、宣抚使等。皆为"土官"。
明	播州长官司 播州宣慰司 遵义府遵义县	司治在今遵义市。 府、县治同在今遵义市。	长官司辖境相当于今遵义县。宣慰司辖境相当于今遵义、绥阳、桐梓县，兼及湄潭、瓮安、黄平、福泉县境。并占有凯里等地。设府后另有变化。	属四川布政司、受贵州思（南）石（阡）兵备道节制。	先后置宣慰使、知府、知县等。设府、县后，改为"流官"。

时　间	建置名称	治　所	疆　域	隶属关系	职　官
清	遵义府 遵义县	府、县治同在今遵义市。	府辖境有今遵义、绥阳、桐梓、正安、仁怀县及温水汛。	属贵州布政司	置知府、知县。

杨氏献地　分据播州

从唐代乾符初年（公元874—876年），到明代万历二十九年（公元1601年），即从杨端入播州起到杨应龙覆灭止。这八百多年中间播州、遵义的建置情况，同杨氏的历史活动是完全分不开的。特别是宋代的建置，与杨粲墓更有着直接的关系。这里，首先谈一下杨氏向宋王朝献纳土地，以及建立播州的问题。

当五代时期，播州地区先后为前蜀王建、后蜀孟昶和后晋的楚王马希范的势力范围。进入北宋以后，由于杨氏弟兄互相火并，没有和宋王朝发生关系。据记载，在神宗赵顼元丰年间，杨光震帮助宋朝打败了"泸南夷罗乞弟"，所任的官职是播州夷界巡检，证明这时候杨氏和宋王朝的关系已经开始。相隔约十五年，在哲宗赵熙的绍圣年间，杨光荣准备献纳土地，但宋王朝了解到杨氏族内的土地主权存在纠纷，不予承认，没有成为事实。再往后十年，直到北宋末期徽宗赵佶大观二年（1108年），杨氏献纳土地的意图，才告实现。杨氏在同一时期所献的土地分为两起：

一起是杨光荣的部分。所献的土地共有一千七百里（旧华里），相当于三个县那么大，有固定住户一万多家，面积广阔。包括今遵义县全境和桐梓、仁怀两县部分地区。宋王朝同意设立播州，治所在今桐梓境内（后降为播州城，亦即播川城），另设立乐源郡，治所在今仁怀县境。并同意建立白锦堡，治所在今遵义县境。由夔州路南平军（今綦江）加以节制。

另一起是杨文贵的部分。所献地东西一百二十里，南北六百一十二里，是一个狭长地带，相当于一个县的土地。主要就是由今绥阳延伸到正安境内。宋王朝同意在这个地区建立遵义军，以及遵义县（后降为遵义寨），属于附近的珍州（今正安）管辖。比起杨光荣同时献地的面积，显然是小得多了。

但是，杨光荣、杨文贵两叔侄，为了争得杨氏嫡传的世袭地位，都笼统地说是献纳播州土地。而实际上所献纳的各是一面。因此，《宋史》把这笔献地的事记在杨文贵的账上，而《杨氏家传》则记在杨光荣的账上，弄得混淆不清。当然，他们所献的都是唐代的播州土地，从这个涵义上说也并无矛盾。

此外，当时杨氏具名献地的，不止以上两人。如杨文奉曾经"以所管播州五县田土进纳"，又如杨文锡也有纳土之举，他们的后人都据为理由向宋王朝申请承袭官职。而《杨粲墓志铭》中，也夸耀其祖先"献三州之地"的功绩。由播州"（五）县"而到"三州"，即牵涉到播州、溱州（今桐梓）、珍州（今正安）等地，也反映出杨氏献地的整个面积。

其次谈杨氏分据播州，为争夺土地互相冲突的问题。

要了解杨氏据有播州的情况，可以说，杨光荣、杨文贵大观中献地之后，形成分而治之的局面，是一个重要的关键。《宋朝事实》中有一段记载："唐衰，播州为杨氏两族所分据。一居播州，一居遵义，以汉水为界。其后居播州者曰光荣，得唐所给州铜牌；居遵义者曰文贵，得州铜印。大观二年，两族各献地，皆自以为播州。议者以光荣为族帅，重违其意，乃以播州立州，遵义立军。"

播州指今遵、桐地区，遵义军在绥阳，已如上述。所谓"江水为界"，即指今绥阳方面的洪江。两族分治的情况非常明显。说明了由杨氏和人瓜分土地而得到宋王朝的正式承认，并分别纳入建置。这两族都是杨昭的嫡系，光荣、文贵是嫡亲的叔侄，即杨端的第七、八两代。在此以前约120年，即北宋初年，播州早已划分为两片。当时杨先据今正安方面，号称"下州"；杨蚁据今遵义南部，号称"杨州"或"南衙"。杨蚁勾结闵兵（水西夷族部队）攻打杨先，两人发生武装冲突。居住在播州中心白锦的杨昭后裔（贵迁）把杨蚁打败之后，便据有今遵义南部。他们是杨端第五代，杨昭居长。从此，今遵义全境属于杨昭一系，号为"上杨"，今正安方面的杨先另成一系，号为"下杨"。但杨昭一系逐渐强大，其势力伸入到今绥阳境内，杨文贵所献的土地，竟将"下杨"包括在内。"下杨"虽被削弱，却仍然存在，而且"上下杨"之间时常发生"治兵相攻"的事件。

在杨氏大观献地以后约 130 年，即南宋末年，到了杨端第十三传杨粲的手里，以违反盟约"抄掠界上"为名，才把"下杨"杨焕（杨先第七代）消灭。自此以后，结束了播州的分割局面，使全境土地统一掌握在杨昭、杨贵迁嫡系子孙的手里。

由于杨氏内部的权力矛盾，长期以来，把整个唐播州地区分割成为两大片。此外，杨氏子孙还多，加以随杨端入播七姓的后代，片段割据和零星冲突，在所不免。因文献缺乏记载，不能尽述。总之，为什么宋代的建置，要把播州、遵义军分开？为什么到杨粲才能以沿边安抚使统治全境？根据上述情况，可以看到其中的因果关系。

白锦、白锦堡、堡治、杨粲墓

    "白锦"是杨端嫡传一系世代居住的中心地区。郑珍根据《杨氏家传》考订,认为杨端的进军路线,是由今四川合江,经过仁怀而直接进入遵义——白锦境内。当时已称为"白锦",可见得名当在杨端入播之前。"白锦"之所确定为遵义,目前再作进一步的研究,从其四周环境的有关史料来看,其情况就更加明显了。东面,为遵义军,治所(今绥阳),亦即"下杨"杨先一系的所在地;南面为"南衙",距今遵义市四十里;西面高遥山,又名皋陶山,在距今遵义市三十华里的八里水附近,为杨端入白锦时"据险立砦"的屯兵之地;北面定军山,距今遵义市四十里,亦相传杨端击南诏时驻兵于此。"白锦"本身的范围既然明确,再谈"白锦堡"的建堡问题。

    "白锦堡"的建立,开始于北宋大观二年杨光荣献地的同时。按照宋代制度,堡、寨是统治少数民族边远地区经常设置的一种建置单位,其地位比较低下,不及军、州,但不仅止是指一般堡垒建筑而言。因此,宋王朝还给予管堡的官职,如杨光荣的本职是播州夷界巡检,而兼"摄堡事",又如杨惟聪、杨选曾任"白锦知堡",都有明文记载。堡的上级机构为南平军(在今綦江),直接接受它的控制。距离虽然遥远,而隶属关系最为密切,而且南平军可以通过播夷界"巡检寨"(在今桐梓)来加强和堡的联系。因此记载上常常把"南平军白锦堡"连在一起。

    "白锦堡"的控制范围是相当广阔的,北宋末建堡以后,不仅占有今遵义一县，而且将今桐梓、仁怀大部分地区都包括在内。事实上，宋代播州的辖境，脱离不了"白锦堡"杨氏的势力范围。总之，州、堡管辖的区域，就是泛指这一片土地。文献上有的说堡去播州三百里，有的说在綦江县南八十里，就是由于弄不清堡、州之间不可分割的关系，把堡辖境和堡治所混为一谈，发生了如此巨大的里程差误。

那么，"白锦堡"的治所究竟是在什么地方呢？郑珍在所著《白锦考》中，已作了推论。他认为，原先的"白锦堡"可能是指今遵义县治所在地南北镇（旧名懒板凳），其后杨轸将堡治迁到穆家川，即今遵义市内。郑说中辨识出堡的方位，是相当合理的。这里，应当分别新、旧堡所在地的问题。先说新堡，它就是杨轸由旧堡迁移至穆家川新建的堡治所，在今遵义市内（老城方面）是没有问题的。迁堡之后，到南宋嘉熙三年（1239）"复设播州"。这时的州治所，也由桐梓迁到遵义。从此，州、堡治所合在一起，堡的名称为州所代替，以后的著录也就不再提及"白锦堡"了。再说到旧堡，它就是杨光荣在北宋时所建的堡，在今遵义县南面。传到南宋杨轸手上，一直都在这里，没有什么变动，所在方位是相当明确的。但是，它具体的地方究指何处呢？为了进一步弄清问题，在郑说的基础上，我们找出了几点依据：

（内外围地理条件）

1. 就地理形势说，它北有娄山，南有乌江的天险，西以罗闽河为限，便于对世仇罗闽的侧背防御，东以洪江为界，对今绥阳、正安方面的"下杨"具有居高临下的统治优势。同时和所属上级的南平保持较远的距离，减少其直接干预，以便于自己"侯国"的统治。这都是它必须具备的外围条件。更重要的是，杨氏既以"侯国"自居，统治机构必然要选择在腹心之地，而湘江东南段山环水曲，的确是一个升堂入室的奥区。只有适合这个内围条件，才能巩固堡治的永久地位。

（堡治重点）

2. 再就历史发展情况说，针对北宋和南宋前期的播州形势，旧堡所在地是和当时形势相适应的。但随着杨氏的逐渐强大，到南宋末年，旧堡便感到"隘陋"，而不能不另迁新地向西北方向发展了。因此，杨氏的生活的重点地区就有所转移，在元朝在西面桃溪一带，在明朝又转到北面海龙囤等处了。反过来看，宋朝杨氏统治中心必有重点，这主要是在南面。

（嫡系根据地里程距离）

3. 从杨氏嫡系的中心根据地说，既不是今绥阳、正安的"下杨"方面，也不会是距离今遵义市四十里的"南衙"，即今南北镇附近，而应当是在距今遵义市二十里的地方，《杨氏家传》已有明确记载，按照里程不难找到。

实物证据，根据湘江东南段（仁江）的杨氏历史遗迹来进行探索，在我们考古工作当中，发现了皇坟咀杨氏石室墓的墓群。这里，不仅如《心斋随笔》所说有明杨爱妻之墓，而且发现了前人从未发现过的南宋沿边安抚使杨粲的墓葬。这就在实物证据方面，为寻觅宋代堡治提供了先决条件。在这个条件下我们进一步探求，果然从墓葬中找到了一个强有力的实物证据——《杨粲墓志铭》残石片段。最关键的是从残文中辨识出了"葬于本堡"字句，成为我们研究堡治所在地的问题中极其珍贵的一项史料。经过详细分析：

首先应辨明"本堡"的含义。照封建宗法观念，"本"字有"本原"之意，非正统、嫡系不得随便应用。在史家传统和典章制度上，无不如此。如史籍中的帝王家传称为"本纪"，如官文书中的官吏衙门称为"本部院""本府"等，又如私家祠堂往往有"本族""本支"的区分。用意极为郑重。既称"本堡"，必然为杨氏嫡传一系所专有，旁系不得冒用。很明显，只有世代相传的"白锦堡"，才能符合实际，与"本堡"名义相称。

其次应推求由堡治到墓地的转变原因。前面谈到，杨轸把堡治迁到穆家川，留下这片堡地，可能荒废，可能改为田土，也可能变为别墅。但另外还有一个很大的可能，那就是旧堡为杨氏祖先发祥之地，不能轻率处理。如果改为墓地，可以春秋祭扫，所谓"以承水源木本之思"。同时，原有房屋墙垣，可以改作享堂和保护物。所以迁堡以后，到下一代杨粲，紧接着便采取这个方式，将旧堡改为墓地。恰好符合杨粲家训中"隆孝道，守箕裘"的两个封建教条。

贵　山

　　贵山（又名"贵人峰"，俗称"关刀岩"），位于贵阳城西北隅。峭拔千仞，耸秀入云。据1964年有关人员测量，海拔高约1300米。前临白崖，后靠马鞍，右邻罗木，左环鸦关诸山，颇具众星拱北斗之景气。相传贵阳乃得名于此。山脚有古驿道，是旧时由贵阳往北入川之唯一交通要道。早在明弘治《贵州图经新志》卷之一就有"贵山，在城北二里，孤峰峭拔，兀出群山，鸦关在其后，有名贵人峰，郡之得名以此"的记载。继后又见诸贵州地方志，如明嘉靖《贵州通志》、万历郭子章《黔记》、天启曹学佺《贵州名胜志》和清康熙《贵州通志》、乾隆《贵州通志》、道光《贵阳府志》以及民国《贵州通志》等文献史料均有类似记载。唯道光《贵阳府志·山水副记》中稍有出入，它写道："贵山去城十二里，锐峰岌嶪，秀插云霄"，还说山"腹有洞，麓有九十九泉"云云。尽管有如此不同的记载，但笔者认为，昔日之贵山，应是今日之关刀岩。因为"鸦关在其后"，且又是"蜀道所经"，何况又是"在治城北二里"（均见《贵州图经新志》）。当然，也有"五里""十里"之说，还可待考。

　　贵阳是因为有了贵山而得名，兼之它又是屹立在城西北二里，耸秀入云，宛如披毡巨人，雄伟壮观。设若鹜登绝顶，非旦尽收贵阳城池于眼底，而且还可环视远近群山美景。正因如此，贵山常招徕历代文人学士鹜登绝顶咏赞。如清代诗人颜嗣徽就有《登贵山绝顶望南北诸峰》诗，诗云：

北登贵山顶，云表插碧峰。

千仞势一落，蜿蜒走长虹。

左拥栖霞岭，右拓相宝宫。

元气接混茫，烟霭春濛濛。

荷笠蹑微径，披襟当太宫。

眩晃通晓日，呼啸激王风。

灵菌茁萌芽，野花歌浅红。

远视不能辨，一色蔚蓝中。

超举形神释，跋涉腰脚慵。

怀抱五岳志，追逐九老踪。

手执金鸡锄，采采菖蒲茸。

贵山考述

　　贵阳设立府治，从 1569 年（明隆庆三年）起，到现在已经 638 年。府以在贵山之阳而得名，亦即文献上所记的"郡之得名以此"。这是名副其实，文中最关键的一笔了。

　　本来，贵阳之得名，乃是天造地设，不言而喻的事实。然而，贵山何在？到今天似乎还是一个不成问题的问题，有的朋友更在议论，贵山究竟有几个？越寻思越神秘。风趣地说，会不会有"山在虚无缥缈间"之感！

　　作为一个贵州人特别是贵阳人，连这个朝夕相处，巍然屹立的天然伴侣——贵山，竟然弄得"对面不相识"，真未免有点说不过去。不过，这也很难怪，从没有设府以前的明弘治年间起，所有文献上本条文字的记载，大体内容统一，除个别字句有增减外，几乎众口一辞，从不二话。但是，年深月久了，随着人们意愿和兴趣的转移，反映在文字和口头上，到清代康熙以后，这座具有历史传统的贵山，也相应地摇身一变，由距城五里以内的原址，居然"乔迁"到十里外东北面的山坡群中，位置上先后发生差异，有的人还说是指城南的文笔峰，这就使得很多人将信将疑，迷惘至今。

　　本来，国内的有一些人所熟知城市，大抵因当地或附近山水的阴阳向背而得名，从未听说该处山水位置，引起任何人的怀疑。因水得名的且不说，单说因山得名的这部分，其中如岐阳是在岐山之阳，嵩阳是在嵩山之阳，华阳是在华山之阳，而华阴必在华山之阴等等便是。而独于贵山所在，却发生了上述的一桩"疑案"。岂非怪事。为了弄清贵山得名的前因后果，就目见所及，将贵山的现况及有关事迹联缀在一起，姑且以《考述》二字为题吧。其目的在于供远道而来的旅游宾客及本省人士的考证。希望就此短文，探寻脉络，以解决有关认识贵山的问题。于是，我就这样写下去。

贵山定位　文献足征

首先，就力所能及，搜集到若干条有关文献资料，加以次第整理，逐一录出，并注明卷数和页数，以便于阅者的查对。总起来看，从明弘治到清乾隆年间（1488—1795）这段时间的记载，至关重要。又因"白崖山"与贵山关系密切，亦随之附录。

> 贵山，在治城二里，孤峰峭拔，兀出群山，鸦关在其后，有名贵人峰，郡之得名以此。
>
> 白崖山，在治城北二里贵山之麓，岩嶂如削，俯瞰兔场，官道经其下。本朝郡人王训归隐于此。
>
> ——明弘治沈庠《贵州图经新志》摄影复制本卷一第 9 页
>
> ……城北二里有贵山，蜀道所经。一名贵人峰，郡以此得名。东北一里有照壁山，俗名平顶高峰。一里有点易岩，郡人易贵校易于此。五里有鸦关山。《旧志》（可能指万历江东之的《贵州通志》）景云鸦关使节。郡人周文化诗："列截峰屯俯万山，雪乘鸦翅马蹄艰。一为行省冠裳地，便是雄图锁钥关。中使衔思通十道。速邮飞檄走诸蛮。弃缩比驭无人说，何用长缨过此关。"
>
> ——郭子章《黔记·山水志上》卷 8 第 9 页
>
> 贵山，在城北二里。蜀道所经，又名贵人峰，郡之得名以此。
>
> 白崖山，在治城北二里，兔场官道经其下。
>
> ——明嘉靖《贵州通志》影抄本，卷 24 第 24、25 页

城北二里有贵山，蜀道所经，一名贵人峰。

——明天启曹学佺著《贵州名胜志》原刻本卷 1 第 11 页

贵山，在府城北二里。一名贵人峰，郡之得名以此。

——清康熙曹申吉修《贵州通志》

贵山，在府城北五里。一名贵人峰，郡之得名于此。

读书台，在府城北二里白崖山之畔。郡人王训垒石凿池，劳植花卉，为读书之所，遗址尚存。

——清康熙卫既齐、阎兴邦修《贵州通志》

原刊本卷 6 第 1 页及卷 28 第 1 页

阅尽黔南几处峰，四围山色影重重。黔灵秀绝犹堪画，今古人传云水封。

——《黔灵山志》刘世恩作"贵山永奠"诗

（此《志》记大罗木有"浩封山"，即因贵人山在近处，故配合而言。惟其迷信观点须批判。）

贵山，在治城北五里。一名贵人峰，郡之得名以此。

——清乾隆《贵州通志》原刊本卷 5 第 1 页

贵山，在府城北二里（《名胜志》）。蜀道所经，一名贵人峰（《通志》），郡之得名以此。

白崖山，在府城北二里，兔场官道经此。其下有双水井。

——清嘉庆重修《大清一统志》卷 391 第 2 页

以上记载，绝大多数都是出自名手之笔，并经过多人的考订润色；循流溯源，语必有据，可见得不是抄袭，更不是盲从。其中的每一条，都是以《弘治图经》贵州宣慰司万的实勘所记为初基，所以经得起推敲，同样的既可以互相印证，更可以引用为考证贵山的第一手材料。

重关要道　历历在目

如果不具备上述各点，就难于符合贵山本身及其相关的景物条件。这是再明白不过的了。经过我们分析，以上列各项相对照：

第一，有"孤峰峭拔"的形状。以前人咏诗为证，如贵阳人易缩有诗句云："危峰儿竹汉，缘谁号贵人？伟然自标异，邱垤能此伦？"见弘治《贵州图经新志》。又如吴旦有《贵山耸秀》一诗云："山能特立方称贵，人必孤行始足传。纵使岱山高万丈，若无孔子亦徒然。"见康熙卫、阎修《贵州通志》。吴诗用意有些陈腐，应当批判，但从这些诗句中却反映出贵山的高峻。

第二，与交通孔道和重要关隘相接近。上面记载中有"蜀道所经"，"官道经其下"之语，可见是贵阳北面交通往来必经之地，而且附近还有一个省会咽喉之地，上题"北门锁钥"的险要关口，亦即所谓"鸦关在其后"。

第三，是在一个风景幽美，适宜居住的地区。这就联系到白崖山。因其"岩障如削"的清奇雄伟面貌，王训才选择此地"垒石凿池，旁植花木，为读书之所"。当时徐节有一首赠王训的诗："先生嘉遁距尘察，何幸乘间一蹑拳。云影天光池水碧，竹溪松径碑痕斑。献诗剩得趣中趣，纵目望穷山外山。试问幽栖是何处？阿衡莘野吕公磻。"把这首诗的封建隐逸情调排除之后，也可以表述贵山麓的天然佳景和高旷眼。

第四，不仅位置在于贵阳城区之北，而且距离很近。根据上面大多数的记载，都说是在城北二里；只有康熙卫、阎修《贵州通志》和乾隆《贵州通志》才说是五里。二里，是以老城北门和新城六广门之间为出发点计算；五里可能是由城区中心大十字作为起点计算，两者差异不大。可见贵山位置绝不会在距离城北五里以外。

从以上各个条件来衡量贵山，只有今关刀岩相符合，而白崖即今八角岩。除此之外，试列举贵阳城北诸山，都不可能引历史文献来加以印证。总起来说，峰势雄拔，白崖在山麓，蜀道经其下，鸦关在其后等等和关刀岩的现有情况完全一致。

为了弄清贵山的真正位置问题，在1962—1964年之间，已由市政协副主席、省文史馆馆员柴晓莲及几位馆员，先后调查过茶店附近的"贵山"。这之后，更由省文化局田兵副局长，会同柴晓莲等两次到八角岩、关刀岩及鸦关进行勘查，并由省博物馆同志登上关刀岩作了初步的测高工作。

接着又由省博物馆副馆长罗会仁同志等再作进一步的调查访问，并对附近的几个山进行测高，据他们详述，1964 年 4 月 14 日下午，他们实地调查了关刀岩，情况是这样的：

关刀岩的南坡，接近峰顶的地方很陡，无路可上，但沿着石缝，攀着山树仍然可以上去。山腰比较平缓，并有些小台地，原为梯田，现为蔬菜地。中华人民共和国成立后，陆续搬到这里来的居民有百来户，除原来的梯田梯土外，又新开了很多荒地（大都为梯土），并修了不少小型水坝和拦山沟。当地居民大多数都是最近几年搬去的，所以对该地的原始面貌不大清楚。据群众说，该地原系"四川义园"，坟墓很多，近年因修水利和建房屋取用石料，大都挖平了。至于老房基、老水池等，更无法找到。因此，明人王训居址和读书台、水池遗迹等，都没有发现。但从地形来看，现在有居民的南坡（山腰）台地，古代也是适合居住的。山下到处都有山泉，从石隙中流出，但却指不出"双水井"在何处。

关刀岩与省人委后面（北边）的山确相距数百米，站在关刀岩山顶或山腰看，省人委后面的山峰就是白崖山，在"贵山之麓"，记载也十分明确。今天有居民的地方，果真是可以"纵目望穷山外山"，同明代的诗人徐节描写的这一好句，极为吻合。关刀岩北坡比较平缓，与大马鞍山（在西边）同一脉络，但并不相连。它比大马鞍山东峰约低数米，比大马鞍山西峰约低数十米。但大马鞍山无其特点。从贵阳城往北看，首先看到的就是关刀岩，大马鞍山不太明显。至于关刀岩的高度，约为海拔 1 300 米（所用测高仪不能说十分准确）。就距城来说，以大十字或勇烈路口（明代城中心的钟鼓楼所在）为标准，关刀岩在北偏西约 24 度，以六广门为标准，则在北偏西约

33度。从关刀岩峰顶看来，"六冲关"后面的山是群山而不是孤峰，当然更谈不上"峭拔""兀出"和"标异"了。但"六冲关"比关刀岩要高。据群众说，"八角岩"系泛称，从省人委到省防疫站以北，都叫"八角岩"。

以上实际调查的结果，曾经与本城熟悉史地的先生们交换过意见，并一再对照地方志书，都认为和当前客观景物的存在，一一相符。

俯敏城市   屏障北面

笔者幼年曾听说，贵阳群山环抱，具有"五虎三狮一凤凰"的天然形势。凤凰，是指今白云区方面的这座山；三狮，东、西方面各有一个，另一个有人说在南；五虎，从未弄清过，这倒无大关系。最关键的是，除面临南明河之外，有贵山为省城雄关重镇的一方屏障。加以气候宜人，交通四达，是一个民康物阜的福地。地方幸福，应当归功于六十年来党的领导，以至千百年来各族人民的辛勤劳动、艰苦斗争，与风水无涉。

从贵州地图展示，整个苗岭山脉，逶迤地行到省垣附近。突出凤凰山的一大支，以雄伟高峻的行列，由茶店前进，结合红岩、天马、黔灵诸山，至头桥营盘坡停住。特别是中间突出了贵山（关刀岩），对着省会新城北门（即六广门），真有众望攸归，高瞻远瞩的气概。由于自然条件之所构成，在这方面就出现了贵山。上面引用各种方志的记载，可说是事实俱在，早经笔之于书，先后承认，有如同声相应。

这里，借用一个远道来客——旧《旅行杂志》记者吴其彦的一段游记，来帮助说明问题。他写道："贵阳环列皆山，中低洼而四周高耸，若站在较高处纵览全景，便可看见这一省首善之区的会垣，恰像一个仰着的大盂。周边隆起，城垣就在这大盂之底。然而环峙诸山，峰峦灵秀。近郭数岭更觉得杰出。北来由小关（鸦关）南望，可以见东南的相宝、扶风、栖霞、南岳诸峰。"这是1934年记的。作者从未到过贵阳，更不知通贵山在何处。因此，他纯然不带主观，胸无成竹，这样即景生情的客观描述，不知贵山反足以作为贵山的有力见证。只要注意他那"北来由小关南望"和"纵览全景"之句，更可看出他是站立在贵山边城贴近之处。贵山地位，便由此衬托而出，可谓有目共睹，不言而喻。如果是十里外的"贵山"，怎么能全面地俯瞰城郊呢？

异说流传　转移山向

话又说回来，当时的阴阳先生们总归是另有一套的。先后以贵州巡抚陈诜为代表，制造了"南干龙说""省脉分正副二支户""祖山与少祖山""省城移向"等说法。他们不承认客观事物的真象，否定和混乱了传统贵山的位置，不惜巧立名目，用移花接木的幻术，为阴阳先生找寻龙脉的"赶山"行动，作出理论根据，并不符合科学现实。照他们说，省城"龙脉"是由北而南（山脉从北来是对的），以凤凰山为祖山，到茶店起个尖顶，是为少祖山。所谓少祖山，就是他们端出来的这一"贵山"。据陈说，它到了贵山就分支，要朝南走的这支才是正支。这支经历巫峰、相宝、东山，延及观风台，而中间从扶风山出脉，由此进入省城，贵城以东各地都属于这个范围。照他们的解释，贵阳之所以成为福地，因为上有吉星高照，得天独厚的关系，此乃堪舆家的风水法所决定，而不是别的。并且附会地说，贵阳从来没有遭受过兵灾，破过城。如明末水西土司安邦彦的大队人马，清末以何得胜为首的起义军勇猛部队，都围困过省城，但都没有被攻破。谁知到了抗日战争期间，贵阳竟有"二四"轰炸之灾。从此，城垣无用，撤掉了，风水当然不灵了。

关于上述那支山脉，即鸦关到关刀岩的贵山一边，在陈诜等的影响下，已逐渐被人们置之不问，等于失传了。而且他们另外自成一说，反映在清代后期咸丰年间《贵阳府志》这条单文孤证上："贵山去城十二里，锐峰岌嶻，秀插云霄，相传贵州之名以此山。腹有洞，麓有九十九泉。"相沿到清末民初，以及抗日战争时期，如文宗潞为贵阳县政府讲课编的《贵阳乡土地理》，国民党贵州当局为供应"京滇周览团"编印的《贵州名胜概略》，为设市创造条件编印的《贵阳指南》等书，都只是以咸丰《府志》为依据，不详检明代及清初的《贵州通志》，对关刀岩这方面积累的材料也不分析研究，就草率从事。总之，这个茶店方面的"贵山"，在"默认"与"公认"之间，除极少数人承认外，大都无法肯定。

笔者早年就曾经对茶店方面的"贵山"发生过很大怀疑。因为它位于葫芦山后面左坡渐高的一条草径旁边，杂居于这一带丛山之间。本山形貌平平无奇，并不杰出。只是一个不大的山坡，接近于等边三角形。像这样的小山，在贵州何止千万。若说它是这簇山坡的主峰，又绝不像黔灵山昆卢峰那样，居中聚合群山。山，当然要讲究形态气势，它既无"山能特立方称贵"的特征，怎能为省会增色。诚然，这附近也有大坡、斗篷山、燕子冲等山群，但都很散漫；也有落水岩的瀑流，顶海和一些干涸不常的溪水，加上靠边的寨子，也未尝没有少数的泉。不过那只是一些小沟涧和坳塘而已。"九十九泉"在哪里呢？有的朋友说有，似乎是一个泉的名称，但那是在几里外的赵家寨那面，距离得太远了可谓风马牛不相及。

记得民国初年，那一带由官府开辟了一个"桑园"，主管人名叶绍华。他把桑园弄得很干净，兴筑的有荷塘草亭，以葫芦山为配景。可是没有把近在门前的"贵山"培植进去。因为请教过几位阴阳先生，有的说是，有的说否，弄不准确。所以当时人们到桑园游览，也没有夸耀过这个"贵山"，在拍摄风景中也没有它的份。反正从它身上取不出"好镜头"，很难得出优美形象，以免称为胜境，名不副实。

追溯命名　有关建置

贵州位于湘、川、滇、桂中间，贵阳又为贵州腹心，地位重要。就贵阳来说，大体在唐五代到宋初，已逐渐崭然露其头角。唐代在贵阳开始建置矩州。由土著头领谢法成任刺史，占领此地。宋初乌蛮首领罗氏主色进攻矩州，取而代之，州名不存，便改为黑羊箐（四十年前省城内尚有黑羊井，箐音近）之名，其地在今新华书店对面，可作为贵阳所属古地名的佐证。矩州入罗氏之手，相当于宋初，宋朝正在向西南夷招降。所以，宋太祖开宝七年，罗氏的首领普贵获得了宋王朝的招降文书。笔者为了提供本省、市的这段史迹，有助于了解贵山得名的原由，顺便全录如次：

> 予以义正邦，华夏蛮貊，罔不率服。惟尔贵州，远在要荒。先王之制，要服者来贡，荒服者来享。不贡，有征伐之兵，攻讨之典。予往岁为扶播南之弱，劳我王师，罪人斯得，想亦闻之。有司固请进兵尔土，惩问不贡。予曰："远人不服则修文德以来之。穷兵黩武，予所不忍。"寻乃班师。近得尔父子状，知欲向化。乃布兹文告之。尔若挈土来庭，爵禄、土地、人民，世守如旧，故兹制旨，想宜知悉。

接书之后，普贵遂纳土归顶，仍赐王爵，以镇一方。

接着到开宝八年，水东首领宋景阳，驱逐了水西罗氏，遂占领了黑羊箐（原矩州地）。这样由谢氏、罗民、禾氏先后交替用兵，互相侵占，可见得这是他们必争之地，同时又勾结或抗拒播州杨氏。封建王朝得之，大可以巩卫西南。到宋徽宗宣和元年，宋王朝又另派思州土官田祐恭加贵州防御史衔，意在借以保持贵州东南方的安宁。而贵州之名至此方见于地方行政建制及其官吏职衔。元代在今贵州建立顺元路，开始筑土城，用重兵驻守，成为指挥中心。明初改筑石城，工程加固，随即建成省会，但仍保留水西安氏（罗氏同系）、水东宋氏两个大土司。综上各点，说明贵阳地位在政治军事上的中心力量和防卫性质。

贵州之名称，从前某些记载说，即指殷代的鬼方。但那是指地名或族系，不是贬称；下及唐、宋时，称鬼主或罗施鬼国，就含有歧视之意了。有的方志说鬼方与贵州谐音，那是另一回事。在文献、文物上都无新的材料，不能轻信。事实上这种议论也早已过去了。如果确切一点说，矩、贵两字的韵母互通，那是可信的。矩州，是因为城南有四方形的河水，所以得名，此在建州之前。贵山则不然，可以追溯命名，是在建州之后，建贵阳府之前。请回检本文前引明《弘治图经》，就出现了贵山，而建府却在六十多年后的隆庆初了。进一步推求：宋代有贵州；元代相同；明代既有贵州宣慰司、贵州布政使司（省）贵州前卫、贵筑长官司、新贵县，更有贵阳府；清代还有贵筑县。它们都与贵字有关，可见不是出于偶然。宣慰衙、省署、府署、县署都同在一城，而以最靠近城北面的山为标识，岂不是恰如其分，非此莫属吗？

为此，我们要根据实际历史沿革、地理形势、文献资料等，重新对贵山及白崖（关刀岩、八角岩）加以辨识，以归还它们的本来面目。这是我们应有之责。

我们引用明代及清初方志材料，在于寻根究底，实事求是，绝不是食古不化、照本宣科的做法。读者寓目后，自然明白，不待我多饶舌了。

最后，我联想到清末"贵山书院"的一副对联：

> 天地之性人为贵，风雨不动安如山。

上联出自《四书》中，下联是摘录杜甫的诗句。撇开封建哲学的唯心观点，就上句而言，那就只有人，才是世界上最宝贵的财富。依靠人力，能改造大自然。所以说："人定胜天。"今天，我们正在为建设四个现代化的新中国而努力，想到这句联语，看到贵山，大可以加强我们的决心毅力。

贵州出土汉永元罐铭文考辨

　　汉永元罐是一件珍贵的文物，1965 年出土于平坝县马场的汉墓中。连同墓葬情况，曾发表于 1972 年 5 月 29 日《贵州日报》和 1973 年第 6 期《考古》的有关发掘简报中①。近年来本省报刊中也偶然提到过，但都是"简介"或"举例"性质，可惜语焉不详。带有铭辞的文物，以贵州往昔来说，真算是稀如星凤了。因而，关心者都渴想知道这件陶器有多少历史乃至艺术（刻划书法）价值，能否说明当时环境的某些方面，等等。故而，我感到有写成这一"考辨"的必要。虽属错误难免，盖亦义不容辞。本文分为铭辞释文，有关史实的两个部分。

铭辞释文部分

　　此罐下部刻有隶书铭辞三十三字，由右而左，绕罐三匝。经馆内外的同志研究和指教，对笔者启发很多。现荟集各方面的意见，益以臆解，似已得其底蕴，于是句读成章：

　　"永元十六年正月廿五日，为古沈，四耳裹面，小口，中可都（或释作毃）酒，行贺吉祠（以上二十七字横列为三大行）。

　　古沈直金廿五（以上六字竖列为三小行）。

　　此罐高 25.6 厘米，口径 11.2 厘米，底径 17.3 厘米。肩部缓削，腰围微鼓出，下腹渐收。其状如近代一般酒坛而稍矮。腰以上还残留

---

① 贵州省博物馆考古组：《贵州平坝马场东晋南朝墓发掘简报》，《考古》1973 年第 6 期。

灰白薄釉痕迹，呈细碎鱼子纹。它是一个火候较高的硬陶罐，与青瓷接近。由于铭文围绕下腹，不拘高下大小，斜掠横行，穿插其间。令人一眼看去，不经意地好像有图案纹饰的一般。

现将铭文逐句考证并辨识如下：

（一）"永元十六年正月廿五日"

如一般器铭惯例，以纪年开首。句内诸字，有的是用"纵笔所之"溢出范围的奔放手法。如"元"字末笔右引，侵入下行，斜长度几乎超过本字一倍。在汉金文中，如"千岁大窝洗"的"故"字，"项伯钟"的"庶"字①；在汉器物题识中，为"霍贺墓砚合盖"的"孙长"二字②；在汉石文中，如传世拓本"沈府君阙"的"沈"字等，都有这种笔势。又如"年"字当中的长竖卓然矗立，在"汉永寿二年陶罐"、"五凤二年刻石"及一些汉碑上，特别是在居延新出土的汉简上，其"年"字更是一挥而下，现出垂状花瓣的阔笔，书者似不惜重下腕力③。这类"笔仗"，成为首行题款的唯一特征。

东汉和帝刘肇建号永元，共计17年，亦即享祚之年。其第16年，岁在甲辰，当公元104年。陶罐的制成当属此年。次年105年，据《后汉书·和帝纪》，其年夏四月改元"元兴"。一般纪元表常不列入此一年。之外，以永元建号者有二：一为十六国前凉成公张茂，仅有4年；一为南朝齐东昏侯萧宝卷，不过2年。都与此无关。

（二）"为古沈"

古沈应为器物本名。在古代器铭的开头或结尾，揭橥本名（或类名）者，其例多不胜举。在金文中，传世而发现较早的如西周曶鼎之"作……䵼牛鼎"，东周虢季子白盘之"作宝盘"，最近出土的如西周史墙盘之"用作宝尊彝"，三年痶壶之"用作皇祖文考尊壶"，等等，

---

① 见容庚《金文续编》。

② 见《考古》1974年第3期的连云港海洲区有关清理报告。

③ 见《文物》1978年第1期。

可谓成百上千。至于秦商鞅造戟、阳陵虎符，汉尚方作镜，广汉郡造漆耳杯之类，① 辞意更与永元罐铭接近。可以说这是撰作铭辞的一种世代相传的成规。

从"隶变"的角度考察，為字与汉"熹平钟"的疏密结构全同②，尤其是沈、沈（沈）二字，其右偏旁宀下的撇捺笔顺，先后次第，各不相触，极为分明。汉《淮源庙碑》的沈，《白石神君碑》的沈，可以互相参照。而最后一捺的长波带有篆意，又与马王堆一号汉墓竹简遣册中沈的外拓书势相通。知此字当为沈字无疑。

古沈二字，在古代文献中极为罕见，不能从形义方面获得确解，但不妨根据音读，沿用训诂常例，辨识到它就是这件器物的本名。据汉扬子《方言》并注，有"瓨（音冈），瓵（都感反，亦音沈）"二字③。瓨，它书义近的字或作瓨，作缸，作钢，都是读作冈。冈、古双声，属于见纽，音读可通。由古转冈，乃自然之事。瓵，它书义近的字或作瓵，作甋、作罉、作镡，都是属于闭口韵的覃、盐、咸等部。而且，《史记·陈涉世家》："夥颐！涉之为王沈沈者。"应劭注"沈，长含反。"韵书上通作潭，并音覃。是则沈可读为镡，尤为理所当然。进一步推求，古沈二字连用，等于是钢镡连用。正如《史记·淮阴侯列传》的"罂缶"字样，是复合词的性质。

这类古字古义，还可以联想到汉墓竹简的"疏比"就是"梳篦"；"灭姑"就是鹪鸪；"资"就是瓷；这些大体是属于通假一类。还有一类则同时还带有叠韵连绵字的性质，如"付萎"等于"瓵甒"，引申为小奁合；"卑匜"就是椑桸，盘类；"居女"就是粗籹，食物类；等等④，此外还有不少，它们都是俗语说的"音同字不同"。

---

① 见《考古学报》1959 年第 1 期《贵州清镇平坝汉墓发掘报告》。

② 见容庚《金文续编》。

③ 《方言》据四部丛刊景宋刊本。原全名为《輶轩使者绝代语释别国方言》。

④ 以上所引器物名称，系以唐兰、陈直两先生所言为依据，参阅《文物》所载长沙马王堆一号汉墓及江陵凤凰山八号汉墓的有关竹简。

实而按之，追溯到古代，或可作"初文"看待，在今天说来差不多是别字。用这个联想、譬喻的方式来解释古沈，也就会近于"一旦豁然贯通"的了。

再据《方言》罂类，"其小者谓之瓶"，即沈。照复合名词的偏义来理解，切合器形，应当着眼在"沈"字。铭文之所以首先揭出古沈，顾名思义，恰如其分，实际上就是这个坛子（罐）的正式命名。

（三）"四耳褱面，小口"

这句是指器形特征，在秦汉器铭中，如方量的方，高灯的高，虎符的虎，雁足灯的雁足等，都是随器名而表述器形。这一句罐铭是同一用意。在器形之外，也有将花纹叙入的。如满城汉墓出土的"错金银虫鸟书铜壶铭文"的甲壶，颈上有"盖圞（圆）四叕（缀）"一句，就是描述纹饰。四缀和四耳，都是形制上的特写，显有类似之处。而漆耳杯的耳，和此罐一样，更是突出耳字为器形特征。《类编》"小瓶有耳者曰瓹瓶"（快读即瓹字）。可见陶罐等有耳也是特点之一。另外，《说文》："罃，小口罂也。"段注："上文罂者，兼大口小口浑言之。此云小口罂，则析言之也。"结合古沈命名来看，可见铭文原辞原义之十分贴切，移置它处不得。

再看耳字的写法，右竖笔外曳，极似小篆及楷书的瓦字。但在汉代许多漆耳杯铭文中，都是同一体式。特别是马王堆汉墓帛书上的若干耳字，几乎全是这样。单是《老子甲本及卷后古佚书》中，就有近二十字。甚至近年在河南巩县石窟发现的"东汉末至魏晋时期"的七言诗，其中"明月之珠玉玑珥"一句的珥字偏旁，也是作此种收笔。

褱即抱字的古体。据梁顾野王《玉篇》①庖字注："庖（庖）之言苞也。"此书卷子写本的笔画尚存八分意。而草头，艹头与广头，在隶变中确有混淆不清的现象。如"鹿"字，竹简作麄，章草作茈。鹿头从艹，即其显例。

---

① 据黎庶昌汇刻古逸丛书唐卷子本。

　　再回看《玉篇》①〔字〕字的上中部分结构，与罐铭襄字作法颇为接近，取其中下部分与汉"李苞阁道题名"的〔字〕字相较，除形态、布局的相似之外，用八笔写成亦大致相同。而最后拖一斜偃长捺，汉代篆隶中从衣的字大都如此。如果用《孙膑兵法》竹简中的〔字〕字，加上同书另简中的〔字〕字②，及凤凰山汉墓漆器上的〔字〕字的右半边③，或云梦汉墓漆器上的〔字〕字④，将上下部组合起来，就会"自然而然"地呈现出这样一个〔字〕字。于是，它由小篆的〔字〕字，一变为竹简，漆器铭文上拆合而成的〔字〕字（如上形），再变就形成永元罐上的〔字〕字，接着又出现一个极为相似的字，即汉"元嘉元年石刻画像题记"中作"庖厨"解的〔字〕字⑤，四、五变而为唐字本《玉篇》的〔字〕字、庖字，也就是后起字的抱字。在这种"毫厘之差"的一点一画当中，不轻易放过，就会逐渐找出它们之间的蜕变迹象和血缘关系。一字之微，也能为书体沿革方面提供个别的重要例证。从事物不断变化的规律来看，笔者认为释成襄字是完全合理的。

　　《说文》襄，本作怀抱解，但此处当借助于汉刘熙《释名》的袍字条，解作"四起施缘"的包字，取其卩（系）四周环绕的意思，转注即为襄字。

（四）"中可都（或殺）酒"

　　这句铭辞说出它的贮藏功用。句中都字笔画繁乱，可能是匆促刻成之所致。在汉代金文中，如平都主家钟作〔字〕，言都食官行镫作〔字〕，体势全同。而阳泉熏炉〔字〕字的右斜画也收得很远，又与罐铭都字的左旁上部有相通之处。再，右旁邑字省作〔字〕，也见于汉西乡鼎等金文之中，均可以互证⑥，似此应释为都字。据《管子·水地篇》"以为都

----

① 据黎庶昌汇刻古逸丛书唐卷子本。
② 引自临沂银雀山一号汉墓出土该书的第 6 简及第 191 简。
③ 引自江陵凤凰山八号汉墓漆器铭文。
④ 引自云梦大坟头八号汉墓漆器铭文。
⑤ 见《考古》1975 年第 2 期所载《山东苍山元嘉元年画象古墓》文影印拓本第五行。
⑥ 见容庚《金文续编》。

居"注。"都者、聚也，居也。"又可以引申为储存。可，则当作
"恰好"解。就是说，它适合于储存酒类。与凤凰山汉墓竹简的"泽
罃"同其功能①。至于都字左旁下部作目，中多一画，或是临时补空
所信手刻成，不能呆看，不能影响字的全貌。

另有一种说法，都字又可释为殽，形体颇近，笔致更合，且多一
层贮藏熟肉——殽的用意。殽，与醢、臡相类，可在一段时间内储存
不败。它们都离不了"酒渍"。见《周礼·醢人》条及《说文》。因
之，此罐既可装酒还可装肉，显示其两用的功能。此说亦颇有可取，
但前说——储酒亦平易近人。究以何者为宜，待继续考订。

（五）"行贺吉祠"

这句是表明永元罐的性质及用途。其决定意义在于"祠"字。
按：周代的春祭叫作祠，依郑康成汉行周制的说法，所以仍沿用此称。
参证《周礼》郑注及《说文》段注。汉代封建中央与地方的祭祀对
象及其含义是十分繁复的。但在各地官府，一般是以祈祷神农、后稷
列为重要祀典。《后汉书·祭祀志》所谓"周兴而邑立后稷之祀，于
是高祖令天下立灵星祠……，以后稷又配食星也"。其祈祷的目的是
农业社会的辛劳成果——丰收。正符于《急就章》中的"风雨时节，
莫不滋荣。蝗虫不起，五谷熟成"的民间习语和人群愿望。春祭时间
规定是在每年二月；吉，就是彝器铭文中常见的"初吉"，时间在本
月上旬。值得注意的是，这个陶罐，从制成、馈送到作为祭祀献礼的
时间，即正月二十五日到二月上旬，不过十多天的光景。可见为期紧
迫，是提前赶任务，为这场春祭作快速准备的。临时抓紧草率地刻上铭
文，其故在此。汉朝人很喜欢作吉祥语，譬如瓦当文，甋文就有"长
生无极""长乐未央""大吉羊"种种，镜铭有吉语韵文甚多，而印
文吉语据清末人不完全的统计竟多到七十来种。以贵州的汉器而论，
如威宁一带发现的铜洗有"大富贵，宜侯王"，清镇、平坝出土的墓

---

① 据原简释文注，释醳字，即醇酒。

甀有“宜子孙”，铜镜有“上有仙人不知老”“长宜子孙”（即马场37号同墓出土），铜印有“樊千万”“赵千万”等，都可引为旁证。剥削者在任何方面都要图个吉利，春祭也要趁个吉期，当然就要郑重其事地致贺和受贺，估计当时是装满新酿的好酒，加上紫泥封印，连同罐子一道送来的。其功用本来是贮藏和保存的实用器，但它赋有“行贺吉祠”的特殊意义和使命，则应当根据其性质，看成是孔庙簠、簋、尊、罍之类的东西——礼器。再回头来对证上述后稷祠有置备礼器的史籍明文，便足够说明永元罐的来历。

（六）“古沈直金廿五”

这是对陶罐本身的货币价值的估计。由于它是刻铭纪事当作珍物之类的一件礼器，不能像一般市场货物的定价；同时还有防止毁坏，寓惩罚予赔偿等用意，尤其是带有祭祷的神秘性。所以，这一数字绝不应当看死，而以采取一种“务虚”的看法，或比较适宜。在考释这六个字之前，笔者感到必须如此认识，而后可以言“释”。

先谈金字。这种特殊写法的末笔——乙式，在镌刻范铸的汉代金石文字中很少见，而是散见于大量的简牍缯帛书中。如马王堆汉墓遣册中，从“止”的、等字的末尾作乙，从“皿”的，等一些字末尾作乙，收笔都较重，而字的下半作乙，俗称“走之”，都是这种一笔顺溜带过的草书写法[①]。在西北汉简中也往往如此。比观同式的结尾用笔，既然成为草隶的习惯，便不能不由局部结构的变异而影响到某些字的整体，由它字而影响到这个字。因此到西汉末，就有西北残简上的字出现。见《流沙坠简》，文为“元始元年十月壬辰朔辛丑，王子金少千八百一十……”。[②] 此简的金字下二点和一横连成一笔，如“走之”的乙向右斜曳而出，与永元罐的金字面

① 据裘锡圭先生《从马王堆一号汉墓“遣册”谈关于古隶的一些问题》，载《考古》1974年第1期。

② 见《流沙坠简·屯戍丛残》杂事类第12简，影印本第17页，释文见同书释二，第48页。

貌最为逼肖，可谓无独有偶。王国维释为金字，宜从其说。还有，《孙膑兵法》竹简的 **金** 字，左轻右重，末笔点画拖带，也有这种意味①。与前引遣册诸字触类旁通，互相发明，可见得不是"偶合"，更不是"孤证"。

　　金是指什么东西呢？《尚书》早就有过"厥贡惟金三品"，汉孔安国传"金银铜也"。《史记·平准书》也说"虞夏之币，有金三等，或黄，或白，或赤"。而《说文》金部，倒是黄（金）、白（银）、青（铅）、赤（铜）、黑（铁）五色金的泛义及其总称。其中"黄金为长"。以铸币来说，战国楚先以黄金铸成郢爰、陈爰、专爰等五种；而"及至秦，中一国之币为二等。黄金以镒名，为上币；铜钱识曰半两，重如其文，为下币"，见《平准书》。从此以后，黄金的身价显著提高，一直被社会上当作巨值财富和宝藏手段，在平民日常生活中不能轻易获得，随便使用。于是我们在周、秦及两汉文献上遇到的金，却往往是铜。早在《尚书·舜典》中就有"金作赎刑"语，同书《吕刑》又有"罚百锾"语，皆释为铜。《禹贡》扬州贡金三品，铜居其一，故铜罚例名曰金。对此类记载要细心分辨，并不一定是指黄金。《汉书·惠帝纪》即位条下，晋灼注云："凡言黄金者真金也。不言黄者钱也。"除皇家酬金、赐金及上述罚金等多是以钱换算外，他如金人、金马、金门，及汉班固《西都赋》的金爵，扬雄《甘泉赋》的金铺等，无一不是指铜②。而赐金有时还不是指铜币而是指铜块或铜锭。如《史记·窦婴传》："所赐金陈之廊庑下，军吏过辄令财（裁）取为用。"可见得是由块、锭上切下来使用，故曰"财（裁）取"。明乎此，便知道汉代大量记载中的"金"，不啻是铜的同义词。

　　由此看来，罐铭上的金字，指的是金属质地。但必须注意，同时它又代表称量单位，因为它还负有换算成货币的任务。这就必须涉及

---

① 引自临沂银雀山汉墓出土《孙膑兵法》第19简。

② 以上参看日本加藤繁《唐宋时代金银之研究》第十一章（汉语译本）。

货币标度的问题。而能够使价格标度与重量标度互相统一，不致差距过大的货币，从公元前二世纪到公元二世纪，即秦始皇到汉献帝的这段时期，社会上广泛流行和比较受到人们欢迎的货币，大家都知道是秦半两和汉五铢这两品。

这里先谈称量。正是因为秦半两钱的重量比较适用，便于携带和使用，在市场上最受欢迎，加上它"重如其文"，所以关键问题在一个称量单位的"两"字。如果在这种称量单位中不作过高过低，夸大缩小的估计，而企图在斤和铢之间找出一个折中的位置，那么，除了它——"两"之外，恐怕没有别的名目可以充任。积铢成两，进而以金作两，很可能是历代相传同物异名，彼此混淆的一种习惯称谓。汉罚用金赎免死罪，就是用铜一百二十金，金即指重量单位的两。从《说文》"二十四铢为一两"起，经过南朝《玉篇》的同样记述，相沿至明代张自烈《正字通》一书中，更有"今人以二十四铢为一金"之语。此外，把白银一两或一圆也通称一金，在明、清人文献中更不乏其例。可见这种惯称对后代起了多么深远的影响。所以，在称量上把金和两等同起来，又不同于架空的想象。

前段由秦半两推论，随之阐明了金又是指称量单位的问题。这里试图将永元罐的"直金"折算一下。如所周知，根深蒂固地贯穿着两汉时期的标准币，只有五铢钱说得上有这个资格。它是武帝元狩五年（公元前118年）开始铸造的。在发行以后，经常在金融混乱中起着稳定币值的作用。尽管王莽大改钱制，也没有使它淹没下去，丧失信用。《汉书·食货志》："百姓愦乱，其货不行，民私以五铢钱市买。"就说明这一事实。因此，到《后汉书·武帝纪》所记的建武十六年（公元40年），又不能不明令重新实行五铢钱。而且一直到隋末，它都是中国各色货币中最能取信于人的主要钱币。币面上还维持这个名称。根据这些客观史实，笔者拟议选择以五铢钱为基准，仍用换算方式来推求一下，就可以从这一课题得到如下答案：

《永元罐》金字折算的拟议：

"直金廿五"，以每金为一两计，一两重二十五铢。

据东汉通用货币的情况，以"五铢钱"为主，杂以剪凿劣币；并有不少莽钱，特别是其中大量的"货币""货泉"同时行使。可以采用三种折算方式：

（一）以重量十足，不折不扣，如《汉书·食货志》所谓"周币为郭，文漫（幕）皆有"的五铢钱折算，罐值二十五两，以铜计，应合成 125 枚五铢钱。

（二）以每枚被剪凿一半或一半以上的五铢钱折算，罐值应合成二百五十枚或者多出若干，甚至一倍不止，为数可达五百枚左右的五铢钱。

（三）以"货币"折算，每枚重 25 铢，恰合一两一枚，即 5 枚五铢钱。照此算法，罐值可合成十个"货币"。这是按币重说。如果按币值说，则每一"货币"却是规定"直货泉二十五"，而每一"货泉"又恰是"重五铢"。似此，则罐值就应须加大为二十五枚"货币"，即等于六百二十五枚五铢钱。

以上三则，笔者认为折算之（一），单纯地以十足五铢为准，难于如此挑选，事实上很少可能。倒是在之（二）、之（三）的折算之间求得罐值还比较切合事实。这就是所谓"直金廿五"，约相当于五百—六百或较多一些的五铢钱。

这是个不小的数字。先以谷价相比，据汉代文献，大体说来，每石常在数十钱至百钱左右。如果说，一个罐价的低数是五百钱，则可抵五石上下的谷价。再以汉代成年人的口赋相比，如《汉书·高帝纪》注文，每年每"人百二十（钱）为一算"，则又可抵一个人五年的口赋钱[①]。更以郡、县小吏的工资相比，为啬夫每月七百二十，书佐每月三百六十。据《居延汉简》所载数字，则罐值接近啬夫的月

[①] 以上据裘锡圭先生关于凤凰山汉墓简牍考释的说法。载《文物》1974 年第 7 期，从而加以推算。

俸，而大过书佐月俸，将达一倍或者还要多点。在当时牂牁郡的特定环境下，一个罐竟然如此高昂，算来确是"大有可观"的。

在罐铭结尾竟赫然出现"直金廿五"的价格数字，其实，也不外乎是强调永元罐的如何"名贵"，以引起人们的另眼看待，特别护惜。早在 1928 年前，陕西临潼就出土了一件礼器性质的陶罐，上有"畤祠宝用"四字的方形拍印。① 既称"宝用"，正表明它是很值得重视的一件器皿，只不过是没有像这样明码标价地写刻上"直金"数字而已。很显然，这类数字总不免多少带上渲染的成分，绝不能视为丝毫不苟、"货真价实"的器皿。

何况只是一个陶罐，就是古代许多币面上的堂皇数字，即所谓"直"，早的如西汉吕后的八铢半两，文帝的四铢半两；相近的如王莽的"一刀平（直）五千""大布黄（直）千"；往后的如蜀汉的"直百五铢"，东吴的"大泉五百""大泉当千""大泉二千"等等，哪一个币面数字又是经得起推敲的呢？正是因为，在封建经济制度下，随着货币减重，变质的现象不时发生，货币的名义含量与实际重量的剪刀差就越来越大，往往会大到令人难以征信的程度。反映到币面上，乃至各种物品标价上既是这样，反映到永元罐的"直金"数字上，又何尝不是这样。

有的同志设想：这里的金字可释为钱。这不仅和字面的书法笔画不符，而且在此以前早就有独成一体的大量钱字出现，如近年出土的睡虎地秦墓竹简、江陵凤凰山西汉墓简牍上、甘肃居延汉代建武初年遗址的"爰书"上，多得例不胜举；此后东汉《张迁碑》阴面等更有不少钱字，与这个金字可以明显地区别开来，写法全异，并不需要把钱字如此简化。再说，如果说是值二十五钱，就当它们都是五铢吧，也未免为数微末得很，更何况这时候民间使用的五铢钱，已经难于保证是重量十足的货币。从西汉后期到东汉末叶，一枚官铸五铢钱

---

① 见 1928 年 3 月北京出版的《艺林月刊》第 8 期第 4 版。

被剪凿下来成为两枚，产生对文五铢，还有剪边五铢，綖环五铢等劣币，或因所谓"而奸或盗，摩钱质而取铅（铜屑）"后留下那不成钱品的东西，这其中是以它们那一个为准呢？说指的是钱，就可以微薄到这程度，试问刻入铭辞有何必要？更有何意义？若释为黄金并以两为计量单位，则未免过于吹嘘，成为神话式陶罐，更有些想入非非。若案《汉书·惠帝纪》颜师古注"诸赐言黄金者，皆与之金。不言黄者，一金与万钱也"的记载，一两黄金值一万钱，标明"直金廿五"的一个陶罐就要值钱二十五万，真是大得骇人听闻！总之，这两种想法都不近情理，都不如释为赤金（铜）来得干脆，也较为切近事实。

这些，都不过是笔者的臆说，但由此看清了货币价值，在王朝郡国的官铸和地方豪民奸商的私铸下具有莫大的虚伪性，也为揭露剥削统治阶级在推行封建礼教，宣扬神权迷信方面提供了部分历史资料。

这段金字的考辨，总起来说有三点：一是金的金属种类和质地，指的是赤金——铜；二是金的称量单位，以两为适宜；三是用货币折算出金（两）的价值。根据以上的推理步骤，逐层剖析，目前只可能得出以上结论，当然不能说是定论。

所有铭辞可释为现代语：

> 永元十六年正月二十五日，制作这个坛子，四耳环抱在上面，里头可以储藏酒类，用来祝贺（你们）二月上旬的春祭典礼。这坛子相当于赤金（铜）二十五两的价值。

有关史实部分

考释上文竟，又接触到：牂牁都尉治、祠祭地方、制作礼器等有关史实的问题。附谈草隶。

一、牂牁郡尉治、太守治及广谈县所在地

二千多年前的贵州地区，经过西汉武帝元鼎六年（公元前 111

年）设置牂牁郡，昭帝始元元年（公元前 68 年）"牂牁、谈指、同并皆反"，成帝河平二年（公元前 27 年）平定"夜郎王兴"，王莽天凤三至六年（公元 17—19 年）"征句町、同亭"等役的二百年间三次较大战争之后，直到东汉和帝永元及元兴年间（公元 89—105 年），文献上未发现郡境内另有军事活动。全国其他边境，则仅有战败北匈奴，勒铭燕然；班超挫败大月支，西域五十余国归顺等重大事件，可见西北问题已得到解决。而西南方面，除邻近的"武陵蛮""昆明夷"等曾发生过战事外，也相对地趋于稳定。尽管处于各地农民起义继续酝酿一触即发的阶段（次年即有震动洛阳之事），恰好是永元十六年二月因兖、豫、徐、冀四州的多雨成灾，有"禁酤酒"等现象，但并未影响到东汉中期的整个局势（这里还在用酒行贺）。这就是永元罐产生的时代背景。

就其出土地方平坝县的史地情况来考察，正处于汉牂牁郡居中偏北的辖区，也即是夜郎国领域的中部范围以内。关于上述郡和国的疆土、界限，前代学者已有研究成果，现代学术界也还在探索，大致认为今贵州境地已将它们的绝大部分赅括进去，似已分歧不大，毋庸多疑。只是郡治何在？国都何在？这两个悬而未决又不可分割的问题，过去是，现在还是颇有争论。在郡治、国都先先后后其说不一的当中，目前大都倾向于今安顺地区一说。笔者就师友讲论、文献记述、文物资料等方面来加以衡量，也同样感到以安顺说为胜。实事求是之论，固不妨"人云亦云"。除准备另对汉牂牁郡都尉治、太守治及且兰县的问题等继续进行探讨之外，这里就事论事，只述及其中与今平坝县有历史关系的一部分，作粗线分析：

1. 据《汉书·地理志》牂牁郡夜郎县条下注文"豚水（今北盘江）东至广郁（今广西南宁近地）。都尉治。莽曰同亭。应劭曰：'故夜郎侯邑。'""莽曰同亭"就意味着郡治同在此地。它至少是王莽以前的牂牁郡治。独山万大章认为："莽易牂牁郡名为同亭，而同亭在夜郎，不在且兰。因定郡治先在夜郎。"这段话是很有见地的。① 所以《贵州通志·疆域沿革图》把"故治"订在今安顺地区，即夜郎县治地。而注文的"侯邑"当然就是夜郎国都的所在地。所谓"都尉治"一语最值得注意，这是属于牂牁郡的军管建制体系。当时边郡设太守之外，并酌设都尉一至二人。照《汉书》志例，这应当指的是牂牁郡都尉治，《贵州通志·舆地志》中曾提出此看法（除这一都尉外，牂牁郡还另置南部都尉在进桑县，似在今云南东部）。

2. 又郑珍《牂牁十六县答问》根据近代（清末）的建置来推断夜郎县在今（安顺）府治左右，加上邹汉勋《安顺府志·牂牁置郡本末》"故且兰，今贵阳（府），平越（州，今福泉）、石阡（府）及安顺（府）之清镇、安平（今平坝）皆是"的概述，又可以体会到都尉治，并可能是太守（郡）治，总离不开今安顺地区。

3. 据《华阳国志》牂牁郡领有广谈县，《宋书·州郡志》也说，该县在晋代属牂牁郡。据此，当邹汉勋在《府志》中考订，认为"广谈自牂牁（郡）改属（夜郎郡），其地必居夜郎之东，则平坝近之"，又谓"谈者，剟水近侧之地名，于其东斥广之，故曰广谈也"。《贵州通志·舆地志》亦采邹说，定为即今平坝县地。然而，剟水究为何水？有两种不同看法：

其一为：今北盘江说。据任可澄《且同亭集·牂牁江考正》说"予谓安顺、兴义间，自来无剟水之名。当时以谈名各县（谓汉谈指、谈藁，晋广谈，谈乐等），又必为名山巨浸，不至为撮土之山，蹄涔之水。妄意谈即豚也"。又说"此诸县皆近豚水，故皆得谈名。此亦可为北盘江即豚水之一证。而唐于安顺府地置剟州剟川县，剟亦当为谈之变，又可知也"云云。对照上引邹说"于其（剟水）东斥广之"之句，更确切一点说，"东"应当作为"东北"，才符合实际。

其二为：今鸭池河说。见曾廉《牂牁客谈·古迹水道篇》。其中叙及三岔河部分，认为据"内府图"（按：当即清代《皇朝一统舆图》

---

① 见万大章：《史地丛考·秦汉对今贵州治道及移民考》，载《贵州文献汇刊》第 5 期。

之简称），于其下流横识为鸭池河，其下会乌江，有鸭池汛。鸭、延双声字，亦作琰。《唐志》有琰川，亦即此水也。此水出水城片（今水城县），亦曰汉阳。又据《汉书·地理志》犍为郡汉阳县注文"汉水所出，东至鳖（今遵义）入延（今乌江）"及《华阳国志》"汉水延江"之说，判断为琰川（即剡水。剡属琰韵，可通）即今鸭池河。这样，晋广谈县正好位于剡水的东面。

此两说看来是曾说较为恰当，鸭—琰双声同属影纽，地望亦甚为接近。但是，若就晋夜郎郡地理形势而论，则郡属四县，除郡治所在的同名一县之外，其余三县，包括广谈在内都带上谈字，又显示出因豚（谈）水得名的地理特征。由此观之，两说皆有可取，并非绝对矛盾。任说是指今北盘江上游的东北境地，内有广谈一县，着眼是比较全面的；曾说是指今鸭池河近东即广谈县的具体所在，论据是集中在一点上的。结合起来看似乎更能说明问题。而且，能看出两者之间可以互相发明的建置关系。

从这两条水道，也反映出广谈县在设县前后的汉、晋两代都具有相当的重要性。它先属牂牁群、后属夜郎郡，表明是并非两郡彼此之间的无足轻重之地，而恰恰是后者设郡时之所"必争"。由于在约一千五百年后（上推至南朝宋际。因齐梁以后夜郎郡逐渐荒废，梁甚至将夜郎郡治移至武陵郡境，即今麻阳一带），从平坝县境发掘出大批汉及东晋南朝墓葬，具体到像马场37号同墓那样，以东汉礼器永元陶罐作为随葬品的南朝墓葬，获得大量的乃至珍贵的文物，也就不是什么无法理解的意外之事了。

二、祠祭地方、制陶地方和外郡器物的输入

汉代祠祭种类是很多的。据《说文》"春祭曰祠"。再据《后汉书·祭祀志》，春祭主要的祈祷对象是后稷，同时也祭天帝六宗，包括山川风雨之神，等等。举行典礼的主要是郡国一级，其主持人当然是郡国守、相。其祭祀场景，可能像同书《礼仪志》所载春耕时祠祭先农那样，"汉家郡守行大夫礼，鼎俎笾豆工歌县（读为悬）"，进献"清酒搏、脯",鸣钟作乐之类。守、相主祭,而"县邑令长侍祠",只处于次要的陪祭地位。这是汉代郡国例行的"大祠祭",至于"小祠祭",散见在《汉书·地理志》各县条下的随处可见,名类亦相当复杂。清顾炎武《日知录》神祠条下,亦谓汉平帝时各地的祠祀"凡千七百所",更可见其为数不少。谈到当时的贵州地区,从汉武帝设牂柯郡到和帝永元末,为时约二百二十年,亦由于封建郡县制度的日趋稳定,这种以神道设教的官府祠祭制度,也必然随之日益深入。但还不可能深入到县一级的基层。许多县令、长还由原部落中的上层人物充任(后文再叙),他们自有一套祭神仪式,也还不大可能接受和举行这种封建祠祀。他们的祠祀,很可能像云南晋宁出土的贮贝器上那种铜铸人物的祭祀场景之类。准此,永元十六年牂柯郡内的这次春祭——"大祠祭",按制度是由郡一级的行政机构来承担责任,而主祭人的资格,照说应为太守,也可以是都尉,至于当地或附近的夜郎、且兰两县令、长等基层官吏只能是陪祭(部落君、长或可参加)。与永元罐铭文互证,所谓"吉祠"的举行典礼地方,一看便知分晓,不须赘述。

以上所说的"祠",是指春祭的仪式。所据用的不过是临时构筑的土台——坛墠,而不一定是祠堂房屋建筑。如果说是建筑物也未尝没有可能。省博物馆继1958年至1959年清镇、平坝汉墓群的发掘之后,曾在两县交界的金家大坪的坝子上发现遗址并获得大型的(约一市尺五寸、宽约七、八寸长)灰白色陶瓦一整片,还有许多零件。除了当时官廨,如太守、都尉的治所(有阙门的屋宇或较大邮亭)以及"邑君"住处,也可以是祠庙建筑的残余,一般平民房屋是挨不上的。这一瓦片,是否可以作为汉代祠堂的实物资料看待,可以考虑。另外,也约在1959年,曾于赫章县可乐乡被掘过的汉墓(当地人呼为姚人洞)中采集到9件牛马车画像砖,上有"阙门"的造型,也可作为南夷地区已有较大房屋建筑的旁证。说到祠堂建筑,在汉代牂柯郡也应当是有的。《华阳国志·南中志》载:汉武帝时,竹王被斩,其后"置牂牁郡，以吴霸为太守"，当地部落人众认为"竹王非血气所生，求立后嗣，霸表封其三子列侯，死配食父祠，今竹王三郎神是也"。《后汉书·南蛮西南夷传》略同。后来据说桐梓、惠水、贞丰都有竹王祠。虽然竹王传说在很大程度上染上神话色彩，不能信以为真，但建立祠宇是颇为接近事实的。联系到史志上"俗好鬼巫，多禁忌"的迷信资料记载，这类宣扬神权的祠宇可能还不止一处。这些祠祭虽然和永元罐（汉文）铭文"吉祠"的性质有别，乃至若"风马牛"之不相及，但最低限度可以说明一点，即汉牂牁郡境内真已有建立祠宇的事实。

　　说到制陶的地方，可再引汉扬子《方言》第五卷的一段记载："罂（原注于庚反），灵、桂之郊谓之瓶（原注：今江东通名大瓮为瓨），其小者谓之瓶（读如坛）。……罂其通语也。"永元罐乃属于罂类的瓶，在前释"古沈"部分已详为阐述。这里应当着重分析"灵、桂之郊"一语。就邻近的汉代置郡而论，"灵"就是指零陵郡（治所在今广西全县北，辖县中，有今湖南零陵、桂阳等县在内，为"湘水所出，北至酃（即灵）入江，……"并有离水可至郁林）。[1]"桂"就是指桂阳郡（治所在今湖南郴县，辖县十一，"春水所出，北至酃入湖"，有广西地在内）。所谓"灵、桂之郊"的这片地区，当指今湖南省西南角和广西省北境，即与牂牁郡东偏的"接壤之地"联成一片。这里还可能有瓯脱、插花彼此难分的现象存在。永元罐本于瓨瓶（缸坛）读音作为器名，很可能是在这个"接壤之地"的特定环境下，由那里的特有方言转化而来，所以命名之地也等于出产之地。此器火候较高，质量较好，已如前述，本地在当时也还不大可能有这样高的制陶水平。

　　在这片湘、桂、黔交界及其附近，即制作礼器——陶罐工场的所

---

[1] 有人认为，或者是由夜郎出发的汉军校尉等，从酃、桂产地带回来送礼的。看来这是同一建制的部队，无此必要。

在，将这一礼品运送到牂牁郡举行祠祭的目的地，其所需的经历时间不过是十天，已详见本文前面"祠"字的考释部分。为了祝贺这一春祭，很可能由工场处所的官吏，秉承所在郡太守（零陵或桂阳）之命，以致贺者的立场，赍送到受贺者牂牁郡太守或都尉的治所，正好赶上祠祭的吉期。有人会认为，这或许是本属县令、长进呈郡守、尉的下对上的规矩，也可能是郡属原部落的"君长""侯王"借此表示输诚的献礼，但据馈受两方的地位身份、统属关系、礼节分寸等来推论，笔者认为：都没有可能。那么，由外郡制作器物而向本郡输入的事例是不是有呢？回答是：有，而且不少，有的还很珍贵。单就带有铭文的器物而论，如蜀郡（成都）、广汉郡（今广汉）制造的元始初年漆饭盘和漆耳杯，出土于清镇、平坝而器身比较完整的就有 5 件（未发表的不在此列），还有散碎的金边、漆片不计算在内；又如犍为郡武阳县铁官所铸的有隶书反文"武阳传舍比二"的铁风炉，出现并采集于今赫章县可乐乡；以及朱提郡（今昭通）堂琅山（在郡附近，或认为是县在今会泽，待酌）所造的有阳文隶书款识的双鱼洗，往往得自今威宁、昭通一带，传入贵阳。其他不带出产地名的金、银、铜、青瓷等传世品和随葬品器物还很多，大都是来自远近外地而非本郡所制。永元罐即属于这类性质。

顺便说到，永元罐当时作为礼品，不会是一个空坛而是装着可供祭祀的醇酒一道送来的。这说明二千多年前的"灵、桂之郊"这一带早就会酿造好酒。其后，到 900 年前的北宋时期，诗人黄庭坚也就在属于这个地区的宜州（今广西宜山县）尝到可口的"牂牁酒"。[①] 这可能是直接受到近地民间酿酒传统的良好影响。还有古代的成都美酒和郫筒好酒等，伴随扁壶、长瓶等酒具输入牂牁郡，遂出土于今贵州的汉墓群之内。这为今后研究古代贵州酿酒史，多少提供了一些线索。

---

① 据北宋诗人黄庭坚《山谷家乘》。

三、礼器—实用品—传世品—随葬品—出土文物

作为礼器的永元罐，在参加牂柯郡这次祠祭之后，就会很自然地被继续保存下去，经过省博物馆考古组同志们的研究，认为此罐乃传世品，墓葬则属于南朝时期。笔者据此推断，以公元 104 年，即永元十六年为上限，以公元 479 年即南朝宋升明三年为下限（姑以南齐以上建置为准），为时 375 年。在这段时间里，它变成了储藏酒类的生活日常用具，在剥削者的手中转来转去，一代代地使用或收藏，渐成了稀有物和传世品，最后被这个墓主人（夫妇）带在身旁，伴同众多的用具和明器进入墓穴，终于成了随葬品。

由此分析墓主人的身份，除带有汉族典礼制度的痕迹外，还找不出少数民族风俗习惯的影响，他（她）可能是相当于太守、都尉本人及其家属，或者像"尝击南越者八校尉"，地位仅次于将军那样等级的官吏，否则不至于拥有如此丰富的随葬品。单就永元罐出土的 37号南朝墓葬来说，据原《发掘报告·登记表》所载：除这一釉陶罐外，还伴同有高级酒具青瓷鸡首壶，其他如铜制的釜、镜和镳斗，镶嵌柿蒂形鎏金铜饰漆盒、漆盘，金银发钗、发簪等首饰；银条脱、戒指、铜手镯等手饰；玛瑙、水晶、琥珀、玉牌等零饰；以及银楼空饰，金珠等，还有漆器未取。再将 1959 年发掘的清镇 15 号汉墓对照一下，其中既有铜、铁、陶制的斧、剑、洗、豆、盉等兵器和用具，更有极其名贵的"大官尚食"（见《汉书》）的"黄金饲器"——元始初年漆耳杯、饭盘两种。它们不论是受赐或价购来的，无疑都是奢侈品。足见，这些考究的物质享受，只能是属于本郡高级统治阶层，不是一般县级令、长所能并驾齐驱；更不是长期处在"椎髻耕田"生活水平之下的广大平民所能想望于万一。可以说，这件有铭的文物是汉代贵州阶级贫富悬殊史实的一项重要例证。它们——包括随葬品等，很能说明据有者的禄位、职权和等级，只有"秩二千石"那一类的角色才能开支和使用得起。边郡的县令，秩不易到一千石，长秩不易到五百石，且为礼制排场所限，不敢逾等非分，也不是他们经济力

量所能担负得起的。

四、代余论——论汉代草隶书体

尝读《流沙坠简》，王国维的案语有云：“古简文字最难释，其时最先者，上承篆书，下接章草，一也；边徼急就之书，颇多讹略，二也：断烂之余，不能求其文理，三也。”① 笔者感到这一说法，同样可以用来衡量永元罐的铭文，特别是关于书体的一、二两点。这是汉代边徼官文书所经常出现的特有现象。当永元罐刻铭之日，正是简牍文书在西域行使渐多之时，也正是章草成长，草隶遍行，而许慎《说文解字》成书，行将问世的关键年代。由长期约定俗成，复经许氏加以总结的造字规律——六书，已可使人们适用于辨识草隶，当然也可以适用于解释永元罐铭文。除了一般易识的字不提外，其中难字，如“古沈”二字释为“瓬、瓶”，就是属于“本无其字，依声托事”的假借一类，在今天来说是通用的同音字：“都”释为“储”，则是属于“建类一首，同义相受”的转注范围，据段玉裁说就是义类的互训关系，像《尔雅》“初哉首基……”皆训为“始”那样，这两类字似乎近于别字。还有“裹”字是由小篆形声的组合而推想到隶变的减省；“直”字是值的初文，在汉代仍在保存，这些都是以许说为参证而斟酌运用的。由于草隶发展过程之不稳定和不平衡，加上边郡文书“颇多讹略”的独特性，遂使辨识草隶的个别字体或细微笔画，其难处有时甚于金文或甲骨文，这正是因为处在“上承篆书、下接章草”的蜕变时期，把草隶面目搞得混乱不清之所造成。因此，它虽然也是汉隶，但和比较规范化的道貌岸然、衣冠整齐的碑刻汉隶并不一样，彼此间的许多结构笔画都不免大相径庭。至于草隶的正确含义，应当是作为“草稿书”（即藁书）的隶体，并不意味着它们是潦草得存心让人认不出的东西。《说文叙》谈到秦书八体时已提出“八曰隶书，汉兴有草书”。徐锴注“藁者，草之初也”。这就是草隶的初义，更充

---

① 引自《流沙坠简·简牍遗文考释》（释三，页1。）

分说明隶、草两体早就有祖孙相承，血肉相连的关系。再说到草隶的
运用方面又是多种多样的。有属于简、牍、帛等笔书的；有属于鼎、
钫、锅、洗、镜等铜器的，也有属于石阙、摩崖及一部分笔势随便放
任的碑碣等石刻的。这里缩小范围单就陶文分析，就有书写、模印、
刻划三类，永寿二年罐、熹平二年罐（都是魂瓶，现藏何处，待查
证），就是用笔墨表现的书写陶文，各种瓦当、砖甓、地券，包括馆
藏传世品的汉"建宁马卫将莿"在内，都是经过胚制范合的模印陶
文；而永元罐铭则是用坚韧的锥颖笔（金属或竹条所制），在陶胚上
刻成文字，经过烧造而成，就是所谓刻划陶文。它在陶文上是比较少见
的创体。所刻的铭文不限行款，不拘大小，差参历落，常有乱头粗服，
放诞潇洒的意态，从书法艺术的角度看，感到别有风味，不无可取。

　　那么，这一铭文的刻划，究竟是出于甚等样人之手呢？据汉代史
实，理应从官府而不从民间去考虑。本来，依照汉初的《尉律》，当
即萧何草律，就有"学僮十七（岁）已上，始试讽籀（篆）书九千
字，乃得为吏"的规定。大概是因为要求过高，不切实际，难于贯彻
吧。所以到后来——约在宣帝以前，竟产生了"今虽有《尉律》不
课，小学不修，莫达其说久矣"的不良后果。见《说文叙》《汉书·
艺文志》。尽管如此，官府上下往来的书牍公文，还是需要能胜任撰
写工作的人员办理，这是不可须臾或离的事情。于是就不能不降低标
准，只要能写稿草（隶）而不必达到"讽籀（篆）"的程度就行。
这种人就叫作"书佐"。他们和徒隶相差无几，所写的书体叫"佐
书"，也就是隶书；有的叫作"令史"和"书佐"，性质也基本相同，
所作的字叫作"史书"。"令史"是王朝和地方郡县的文化奴仆，上
可升为大僚，下仅同于侍役，无论何级，都是不能当家作主的俯仰由
人的属吏之流①。这类属吏的本事是能写能刻，但不能担当重任。在
上述元始漆耳杯针刻纤细铭文中，其工官属吏的最后一名"守令史

————————
① 主启功《古代字体论稿》说。

谭""令史竟"……就说明实有其人。而东汉《西岳华山庙碑》末行所一露头角的"书佐郭香察",则是一个比较幸运而留名后世的人。其他书佐姓名,见于碑刻者极少。再如北魏《石门铭》的王远、《始平公造像》的朱义章等等,也在末尾题了书写的款识(唐碑才多写"书家"姓名)。由此而类推到镌刻永元罐铭文的人,绝大可能就是这种"书佐""令史"之类。具体到牂牁郡,他们只能是太守、都尉或校尉等的直接属吏,而不会属于县级令、长的手下。再具体到牂牁郡下的县,仅发现有"鳖令"及唐蒙见夜郎侯时"约为置吏,使其子(无名)为令"的记载,这都是少数民族中的上层人物,不可能设想他们部属中有熟习汉文"草稿书"的小吏;其他令、长在史籍上既无事迹,更无姓名可考,其属下有否佐、史的设置?他们是否胜任草隶书写?或竟是冗数与义盲之类?当然就更加谈不到了。还有,对于随葬品如此丰富的汉墓,其中某些器铭文字,有的同志推测是民间工人所刻,根据汉代统治者掌握《尉律》以便利用笔札传达政令的情况,尤其是在少数民族聚居的边郡,那样的推测是绝少可能的。

(《贵州文史丛刊》1981 年第 1 期)

附图

汉永元十六年陶罐

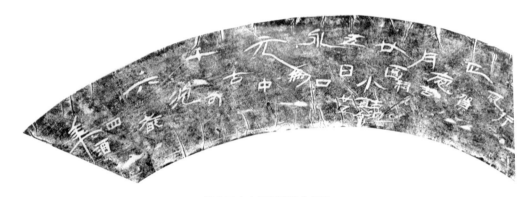

汉永元十六年陶罐铭文拓片

二、书法札记

历年来我对书法学习的体会

书法，是伴随着我国文字产生和发展的一门艺术。在原始阶段就具有形象性的美学特征。

鲁迅曾说过："今之文字，形声转多，而察其缔构，什九以形象为本柢"（见《汉文学史纲》）。说明是属于造型艺术的范畴。

它祖籍是中国。但从国际文化交流方面来说，首先是日本，彼此访问观摩和讲习，近年更大为增加，如美、澳华侨，港、澳、台湾同胞，也有许多交流。

在党和人民政府的关怀下，书法艺术已受到文化界的重视和推行，但在粉碎"四人帮"以后，各项工作得到同业的拨乱反正，双百方针也得到切实的贯彻，各项艺术，正在日新月异地蓬勃发展。适应这方面的形势发展和需要，全国各省市已出现了不少人民书法艺术工作者及众多作品，书法艺术更具有广泛的群众性。这次在北京成立全国书协，是我国有史以来的空前未有盛举。就全国书法界来说，人数众多，力量雄厚，大家团结、组织、行动起来，为继承、发展、繁荣这一门事业，在向四化进军中，每人都应该作出应有的贡献。

书法，是我国特具的造型艺术，从唐代起，就在日本发展，开辟"书道"一门，往后逐渐影响到东南亚。欧美研究汉学的一些学者，也喜爱书法。

我国一贯提倡书法，历代都出现许多书家和真迹妙品，为我们提供了许多师范。风格流派的不同，使得众美皆备，各擅胜场。

随着半封建半殖民地的变化，以及北洋军阀和国民党反动派的统治，战争循环，书画艺术亦深受摧折。就我知道的，抗战时的陪都，仅有少数书法家组织了一个孤零的"书学"研究社，出版过三期《书法》刊物，是用粗黄竹纸印的廿二开本，小得可怜。而内容作者，都是学术界名流，如商承祚、张宗祥就是正副会长，沈尹默、潘伯英、马衡、章士钊等都参加为会员。可惜印刷不佳，只有论文，无书法作品影印本。

有的同志很关心书法的发展前途如何；特别是在贵州，我怀着振奋的心情说：贵州，多半在贵阳，爱好书法，从事书法实践的朋友越来越多，呈现出一片喜人的大好景象。这次全国书法协会成立，主席舒同说："这是我国（指书法家）有史以来的空前盛举。"正好说明包括贵州在内，同样具有这种繁荣昌盛的局面，大家都怀着一片炽热的互相勉励的心情。

今天，形势逼人，作为贵州的每一位书法工作者，我想，都会浮想联翩，盼望一幅幅精彩耀月，益人神智的书法作品，呈现于我们面前，随着省内外乃至国内外的文化交流，作为祖国书法全貌的组成部分。

贵州在历史上建省较晚，但在文化上也有过急起直追，不敢后人的努力。前代交通不便，生产建设落后，都能够出现一些著名的书家作家，何况现代成为西南四通八达的雄关重镇，就我们目前的书法阵容看，潜力很大，新秀很多，促动老一辈不敢停滞不进，将以川、湘、滇携手同行，做出不懈的努力。

现要在贵州开展书法活动，而且将是持续不断，采取各种方式分期举行的活动，就不能不谈到书法艺术如何探索和实践的问题。说起来内容范围很大。不要说古代论著，就是现代出版的真是如雨后春笋，有"山阴道上，应接不暇"之势，这也是好现象的一面。我们应当极度欢迎。

我这几年也参加了若干次展览，只是这方面的学术活动很少，我又限于学习研究的水平。今天作一次录音谈话，有两个目的：首先是标举书法协会筹组意义，当然是总括的。次是谈谈我历年学习书法的体会。因时间匆促，又没有很细密总结过自我经验，又还要考虑可能接触到的书法界一些针对性的问题，很难搞出有系统性的一整套说法，因此，这还有待于未来。

现在，我只就个人体会，谈下列几点：

（1）从书法沿革谈到入门方法

大凡一种事物，都必须有它自己的根柢、渊源及沿革变化的过程。在过程中又必然会出现每个蜕变阶段的不同面貌。如殷商时代的甲骨文，两周的青铜器大篆铭文，两汉碑刻的隶书（八分），魏晋南北朝碑刻造像，唐代碑刻以及经幢的楷书及行书等。只要是有条件接触到它们的同志，都可以有选择地、有重点地进行泛览，不仅使自己了然于书法的历史沿革，而且在博阅广见的境界内，可以选择自己性之所进，学起来胜任愉快的一两种作为主要的楷模。但是历代书体如此众多，从何着手呢？有的朋友问我：你各体都在书写，甚至于"擅长各体"，我感到很惭愧！事实上，是由于我对文物鉴定工作的需要，对体现各种书法的实物很容易接近。我除了知道它们的演变轨迹而外，还探索它们笔画的形成。对甲骨文、金文、直到行楷，都是左右不离，朝夕与共的翰墨良友，艺林师范。我学习它们的程序，一般是随环境转化而学习的（这情形以下我会谈到）。但最重要的是，在各体中，是以哪一种为先导，为根基，为里程碑的起点？这里，我还是实事求是，不敢标新立异，只抱着老生常谈。就是说，开宗明义第一章——还是要学楷书。这是要踏入书法艺术大门的第一步，从这一步起，还不是说就会容易学到手，就要过河拆桥，得鱼忘筌了，行至中途把楷书丢掉。楷书，是规行矩步，布局严整的根本大法。不把它首先搞好，而又随时锻炼，要把字写稳——还要要求好，那是不行的。京剧有所谓"一招一式"，要干净利落，是练基本功。那么，书法的一点一画，也要求眉目分明，结构端正，才能供人鉴赏，舒畅心怀。

这也只有基本功好，才会有好作品出现。

以上是说从楷书入门，这也是世代相传，约定俗成的一件毫无可疑之事。可以说，从魏晋南北朝以来，特别是陈、隋以后，都不能出此范围吧——个别的当然专搞八分。隋唐以后，楷书就成为主流，碑版尽是端正的楷，也有行、草及八分碑版，但那比重减小了。

有人提出些主张，学楷书是否可以兼学他种，以收齐头并进，相辅相成之效呢？我所记得的是，胡小石先生说楷书与隶书（八分）可以同时学习，并行不悖，互有裨益。从胡的书法作品中，也可以看出这种特点来。潘伯鹰先生说学楷时可以兼学行、草，没有妨碍。我反复考虑，商承祚先生主张入门之时，要扎扎实实地写楷书三年，再学别体。他们所说的话，我认为，有心得之言，无论如何，总离不开学楷书。这简直是公认的，大可以虔诚相信，毋庸怀疑。至于说到入门学楷书的同时，又学甲骨、金文等等，那种道路高低不平，走起来是比较危险的，应当引以为鉴。当然，有才力过人之士，加上勤奋苦练的努力，在目前众多影印真迹作为范本的优越条件下，要取得成绩不是不能的，这个我们不能反对。上述的鉴戒，仅只是我个人的看法。说到我写多体书，绝不是一战方法，这个门是书法艺术之门而非一般习字之门。所以要扯得广泛些，也许要较为深刻一点，复杂一点。

不过，说去说来，入门之正途，总离不了楷书。初学练字当然如此，钻研书法艺术的朋友们虽然同样如此，但要从美学理论上去研讨，从笔墨上去找风格韵味。一味"写字"而不及外围的学问，要表达这门艺术的风貌特征，那是比较困难的。

半亩方塘一鉴开，天光云影共徘徊。问渠那得清如许，为有源头活水来。

这是宋代理学家朱熹《观书有感》的诗句。这两句诗排除唯心部分，只借来比喻，是说须有学术积累和身心修养，就会从那个"源头"，流出"清新"的"活水"——有生命力的书法艺术作品来。然而，归根结柢，还是需要从"方塘一鉴"开起，就是要以端楷的书法为一切书体的借镜，能把楷书的原理弄得透彻清楚，而且要灵活，再改科学习他种体裁，自会有结实的基本功，终有成就的。清代笪重光说过："使转圆劲而秀折，分布匀豁而工巧，方许入书家之门。"这是要求相当高的。

（2）关于表现个性和突破传统

限于我的知阅，据说我们的书法界有所谓"革命派"和"传统派"。传统派就是我们向来熟悉的。单以清代为例，就有考科举的"馆阁体"。但同时也有朱彝尊、郑簠及金农的隶书，钱坫、洪亮吉的隶书，而较早的翁方纲、黄易最有金石味，刘墉以未厚胜，所谓绵里针，梁同书、王文治各以秀逸见胜。他们的风格，一眼就看得明白，各有所长，这就是个性。

个性是经过长期的书法艺术实践和修养，是主客观条件相结合的产物，不是天上掉下来的也不是强求、捏造可得的。若果故意做作，就会令人"口张目眩"，不知所云。只有说：好，好，好。

凡书家及其作品都是有个性表现的，如王右军是以法度精密，用笔含蓄内撅见长，献之是外拓疏宕，欧阳询方峻严正，虞世南则和婉清朗，颜真卿端重开阔，柳公权则刚健挺拔，怀素之盘旋飞舞，张旭之豪迈沉郁，等等。可以断言，既成为书家，其人物及作品，莫不具有鲜明的性格特征。就不说书家吧，只看一些载入诗篇突出个性的前代人物，如杜甫《饮中八仙歌》提到的八位酒仙，只消两三句诗，就活生生地点出他们各不相同的形貌和情调。这是借作比拟。作为书法爱好者，都会各有师承，各以某种碑帖为范本，初期虽然似乎依样画葫，不能越雷池一步，然而，到学养兼优之时，必不会寄人篱下，而能异军突起，独树一帜，或者青出于蓝而胜于蓝，超过老师。我常常认为，学生不但可以冲破老师的传授范围，甚至可以反对老师，学术方面有这种情况，书法亦然。但必须指出，他们虽然见解不同，但感情是深厚不变的。有事实为证：康有为的老师是朱伯韩，但他的学术乃至书法，何尝有一点像老师；梁启超是康的大弟子，这是尽人皆知的了。排除他们政治主张的重大分歧在此不谈，单讲康、梁书法，完全是面目各异，背道而驰。康是学石门铭，但商承祚说他是写四川的《千秋亭记》，说要揭开康的画皮，《卑唐》是伪装的。梁用笔结构谨严方折，得力于隋苏孝慈墓志和等慈寺碑。康、梁之异，我以为，在学术艺术上绝不妨碍师生各有卓越，能自起炉灶，炼出金丹的成就。老师不对，说得神乎其神，学生反其道而行之，如康、梁的情况，也是可行的。

以上所说的个性，都是从发扬优良传统，加以本身勤学苦练，在长期的文艺修养中自然产生的。绝不能求其速成，像有些人写文章那样倚马可待，咄嗟可办，随随便便地只图应付一时，而不顾后果。

更不可以标新立异，为趋时髦。如日本自明治维新以后，有的书家，着重传统的，已当作形式主义看待，认为不能代表个性或流派，把他们看作旧派，如丰道春海那样的老书法家，已寥若晨星。中青年中却流行许多新的派别。其中有的每幅只写一两个字，叫"少数字派"，还有用片假名夹写汉字的一派，还有以图案参入的一派，等等。他们创这类新派，我们不能非议，但却不能学习。学习了后果很难设想，会混淆是非，取消传统，终于导致泯灭。祖国书法艺术的发展就会受到障碍。他们可能是受欧洲一些艺术绘画流派，如未来派、达达派、野兽派等的直接或间接影响，不依傍人门户，冲出历史传统、当今现实的范围。也可能还受佛家流派的影响。总之，要自成一派或一家，必须在继承传统的基础上，加上广博的见闻和知识，还有深厚的感情修养和艺术构思及技巧，好像水到渠成一样，不求新而致新，方能树立派别，得到社会议论的艺术鉴赏的公论。

《明拓翁跋肃本阁帖》的读后感

　　1977年冬，经笔者推荐，将馆中原藏此帖十册，提请领导上考虑并交付讨论，佥意通过之后，幸被列为传世文物的一级品。由于拓页组合相当复杂，批校也难理头绪，不能采取"片言折狱"，"一索即得"的简单方法，以致失之毫厘，差以千里。加以，明明知道这是一部不可多得的好《阁帖》，正像难逢的良友一样，又怎能"当面错过，失之交臂"：所以一贯抱着严肃审慎的态度，拟写鉴定意见也不敢草率从事，期在尽力而为，以不负领导上和同志们的嘱托和信赖。在此期间，恰遇友人提出异议，各抒己见，自表欢迎，庶以集思广益，并行不悖。但在我，却有一段"不能已于言"的道理，必欲倾吐而后快，于是写成"读后感"，也许可以说是"代跋"吧！

　　第一，祖本与肃本：如所周知，继南唐《昇元帖》称为"祖帖"（明邢侗语）之后，大型集帖《阁帖》的祖本，近千年来都确定不移地指明是北宋淳化三年（992年）的首刊本。向来它有枣木刻、石刻两说，久无定论。而下降到乾隆钦定本于敏中等校跋以后，石刻一说，似乎已"定于一尊"，毋庸置议。但四十多年来，就笔者知鉴所及，宋拓影印本及别的残拓中，就有粗帘纹纸、银锭□（宋代俗字）本的实物证据，可见欧阳修、赵孟𫖯、陶宗仪先后均有木刻之说，并非无的放矢。当然也并不排除某些部分有石刻的可能。且不言祖本木、石两刻的大别，专说翻刻一事，全部局部，或增或省的本子，在两宋就有四十余种之多。真所谓"后来翻刻，支派分歧，去之愈远"

（于敏中等语）。明翻就不用赘述了。其中流传较盛的就是肃本——有明一代比较有典范性的翻本。但它只能是《阁帖》的裔孙，而绝不是什么"祖本"（如果称为"费翻帖之'祖本'"，意即从肃本直翻而出，那当然不妥）。这在旧时涉猎金石学的人们，特别是琉璃厂有积验的碑帖商贩们，尚不至于说出肃帖本身有所谓"祖本"的门外汉语，让自己凿穿后壁。因之，"肃帖祖本"一说，无法成立，也甚觉无谓（可能是将翁跋中完整句"萃备二王妙谛如此。祖本于今日不易逢"截去前半，断句为"如此祖本，于今日不易逢"），遂导致误会。那么，馆藏此帖究竟是否真肃本呢？就笔者的知识水平，不敢"武断"，只能回答说：主要是，也并不全是。换言之，它是以肃刻为本身骨干，以西安摹、兰州补两本为旁肢部分缀合而成的一个胜常拓本。这完全符合于肃本的谱系源流，有主有从，何必如此作伪。而且，三百余年来肃本传世渐稀，像这样比较流传有绪——清初河北束鹿县印，苏米斋批校，东洲草堂题诗，周祖培家藏，香草园鉴选，宝砚斋珍藏的旧拓，可说是一个值得重视的由北而南，不至埋没的幸存本。至于肃本的第五或第七两册"淳化篆款"后，附刊有万历温如玉、张应召重摹的题名，肃世子识鋐的短跋，张鹤鸣（天启时曾任贵州总督）的书简，尤其是弘治肃恭王的题识，次序紊乱，行款偏仄，书法拙劣，不啻恶札（如肃本第七册尾"肃恭王书"的四行字），佳拓本往往割去，以免蛇足。笔者曾屡见此种"割跋"的处理。另外，为了本帖的幅式美观，对此种逊色的跋尾又不太重视，也有故意"漏榻"的可能。退一步设想，如果帖贾割跋作伪，其用意可能还不定是取代肃本（也不会是潘、顾本），而是意在宋拓某本（这未免是敏感假设），但铁证如山，摆在面前，明代纸墨在清初极易辨认，岂能眩鉴家的"离娄之明"（孙月峰语）。看来，此帖割跋，主要目的是"凑补"而成全璧，很显然，不需要挖空心思地冒充赝鼎。

第二，明拓与清补：从拓片面貌说，既然不全是百分之百的肃本，而又有本支系的成分参入一小部分，甚至还有泉州本及其他古刻拓本零补在内，则是其中有明有清，翁跋也承认了这一事实。笔者就翁跋明拓的基础上再进一解：之所以同意其为明拓，就是专注精华"二王"特别是大令部分，都胜过费摹本，远非兰州补本所能望其项背。如果不是属于明拓肃本，那又是什么呢？总不会是潘（允亮）顾（从义）本吧？此其一。再从时间看，肃本刻成的下限是天启三年（1621 年），明亡是崇祯十六年（1643 年），费摹是顺治六年（1646 年），中间相距二十五年，跨入清朝刚刚三年。干脆说，划分清拓到明拓的界限，也仅止这三年。如果硬派它全是清拓，把顺治十一年（1654 年）和十八年（1661 年）的兰补本统统算进去，也只有十五年（见《有关年代的附表》）。根据上述拓本的精华部分，平心静气地推断它的拓出年代，当然以归属于明朝为宜。此其二。说到纸墨颜色，肃本既跨越两代，在明长而在清短，最多不过三十年之间。拓本用相同相近的纸墨，色泽质地，已难区别；兼以裱裁重装，尘霉微损，面目略殊，乃自然之理。故而此帖除部分补页有些差别外，大多数纸墨相同，难作浊泾清渭，锱铢必较之争。不易辨别某处有明显凑补的痕迹，其故在此。况且，至今展帖，墨香四溢可闻，纸质白韧古厚，必然是用佳纸佳墨拓成，正符合"精氈拓"，程君房墨，白绵纸的相传特征。连衬裱亦多有白绵，封面同属明锦。如认为"墨气浮薄"，恐怕拟于不伦。此其三。大凡书籍、字画、碑帖等，其断代都要视具体情况——"特征"如何而定。现在对于碑帖的断代似未经"科研"讨论，但不妨暂用"古籍善本"的鉴别为准（见最近乐山有关会议文件）。看来，此帖可援用的项目，有如一般不注明版刻年代的书籍，得审定其特征，题"宋刻本"……"明末刻本"（约在天启及天启以后），"清初刻本"（约在康熙及康熙以前）。如果有修补者录于版本项下，举苏轼《居儋录》明万历刻，清康熙补为例，断代当属明刻。我馆古籍亦有同例，如《方舆胜览》刊于南宋，但为元补元印，仍定名为南宋本，至今无人怀疑。此帖与上述两书刻补性质相同，何以反引起怀疑呢？此其四。

　　第三，费本与费藏：关于题签和跋语的帖名不同，因底蕴未及揭出，容易贻人口实，甚至耸人听闻。对这个鉴别难题，笔者曾经排除外在现象，探索其内在联系，后先印证，方知事出有因。首先看出，所有校勘，鉴别需要一段较长的时间过程，也为我们提供翁氏劬学不倦的良好范例。他可能于此帖入手时，从当时识力出发，题为《肃帖费本》，随后，陆续以费摹、兰补、泉刻、大观等互对，而以乾隆本为殿，至此方才搁笔。来龙去脉，异常分明。最值得注意的是，翁氏发现此帖与费摹有不可分割的血缘关系，不但面目逼肖，而且遗貌取神更凌驾其上（其他校本自不在话下）。因而从感性积累提高到理性的分析，根据肃帖谱系逐步演化的可能，遂客观地得出：由费摹直接引申为"费藏"的一个较为"惬心贵当"的答案。其源曰"藏"，其委曰"摹"。一切事物绝没有有源无委的道理。若非翁氏寝馈其间，从渐到顿，悟出由彼及此，由表及里，一脉相承的道理，就不能步步深入，用先后名称体现层进式的推论。于此，我对之深有默契。其次，签题《肃帖费本》居前，跋句《费藏肃刻》在后，由初探到终点的研究成果已如上述。实则，这不过是"同物异名"的问题，用形式逻辑（旧称"名学"）的眼光看来，不免会大吃一惊。即以《阁帖》本身而论，就有宋翻明刻，顾刻潘刻等区别；以《兰亭》为旁证，也有欧临褚临，汤摹冯摹的差异。结果，这种帖名的"类别"虽然千变万化，而《兰亭》宛在，《阁帖》犹存。这是人所共知的常理。还有，个别帖名中如《褚临绢本》又称《黄素兰亭》，《万岁通天帖》又名《王氏进帖》（均明顾复说）。封面和首页的名称不同，如近年影印易见的《孙过庭景福殿赋》是以书家命题，出于今人补凑；而内称《何平叔景福殿赋》，又是以赋手得名，这是原迹。像这样的两名分歧之例，人不见怪，何以对此帖竟如此苛求呢？再其次，帖贾或其他古物商的惯技，不是做得天衣无缝，就是故设疑兵，其目的在于使买主匆匆阅过，博取"轻信"，利于快速成交，而不利于反复琢磨，如"坏诗"一样是经不起推敲的。试想，此帖内外异名，简直是留下漏洞，"自贻伊戚"。不但不能取信于人，反而疑上加疑，虽拙劣的帖贾，总不会出此"费力而不讨好"的下着。总之，如果一味用厂肆的旧闻来衡量，而放弃学者耐心校订的一面，也正是关键性的一面，那种看法，对此帖就会是霄壤悬隔、风马牛不相及的。

第四，校勘和题跋：此帖每册都有朱、墨笔的行楷批校，第十册末有翁方纲的墨笔小行楷跋语。现将书法、文字及帖评（即上文指出有关的精华部分）略为分析：（1）此帖翁跋较长，据年款为乾隆四十年，翁氏时年四十二岁（寓北京，先在十九岁已成进士）。其书体秀整朗健，偏于谨饬，尚不脱馆阁体欧法的窠臼，但丰神隽爽宁逸，不失为早期经意之作。稍后近五十岁的《大观帖卷六》题识，用笔已渐出新意。当然，较之晚年（七十至八十六之间）的端凝变化，出规入矩，最富于金石味的完全定型阶段，如《褚临兰亭绢本》跋，《游相藏宣城本兰亭》跋，及馆藏真迹《元人墨松卷》诗跋，《雪浪盆拓本》题诗等，就有所不及，甚至有大相径庭之感。再看此帖批校，有乱头粗服式的荒率行草，有簪花贴羽式的纤丽小楷，加上古拙简劲的隶书签题，诸品略具，虽非尽态极妍，总令人目不暇接。但从笔情墨趣的精诣潜通之处着眼，可以辨识到大多是出于翁氏手笔（有小部分除外）。为什么如此错综呢？《书谱》有云："又一时而书有乖有合，合则流美，乖则凋疏。"一时之作尚且如此，何况越数十年之久，安能笔笔一致，字字一律？如果刻舟求剑地专以笔画形态来作鉴评，那是无法豁然贯通的。要达到这种"融会"境界，就必然要着重体会《书谱》中再三提到的"情性"一语，并联系到《文心雕龙·风骨·情采》中可以互参的部分，而不专从追求形貌上去解决问题，这才能把识力提到更高的高度。否则，仍然会"以貌取人，失之子羽"，被一种"刻板"式的鉴别方法所局限，其结果不言而喻。尤其是要从作者作品时间的早晚，生活环境的变迁等方面，力求其情性流露之所在，反过来对笔画形态加以印证，那才能找到比较客观的评价。当然这是困难的。清孔广陶跋《禊帖》说："足知鉴别兰亭之不易，固贵具顶门慧眼（指精确的识力），尤贵多见广搜，却难肊断也。"正好移用到此帖身上，以避免"肊断"。这并非故作神秘，而刚好是属于物观的反映论的范畴，与唯心完全是两码事。（2）跋语文字，许多金石家却是经过缜密思考纵笔所至，文不加点，一气呵成，翁氏亦然。由于不用起稿，有时不遑顾及字句，简率、重赘之处容或有之，但总不至于有"欠亨"的片言只语。诚然，翁跋既反复言"补"，又有"即凑补何害"的最后声明，是会引起疑点，认为多余或费解的。而不知这正是翁氏处理书学问题的审慎之处，应该得到后学的谅解。不得谓之"辞义闪烁，致有不通"，这未免冤抑！（3）跋语中还有一个被人忽视的论点：既对此帖有"萃备二王妙谛如此"的总评，又有对王献之"散朗多姿"的特许。虽然接着照说一通不及右军的"陈套"，而最终举出米、赵"纵逸、专谨"的各得一体，把这两位宋、元大家的成就归功于大令。这是翁氏发挥王元美等的成说而引出的卓识名论，绝非老生常谈（沈尹默先生贬抑大令，是不甚公平的，附此一提）。在今天，从部分的肯定与否定之间，更加看到如何品评"王书"的辩证关系。结合到本帖翁评来看小王部分，确是比较精萃，读帖者当可证斯言之不谬也。

第五，求是和存疑：提到"求是"真是谈何容易！单就《阁帖》祖本而论，由于编者"王著工于仿古，昧于察书，编次既繁，所在舛陋"（清钱陈群语），以致"真伪杂出，错乱失序"（清王澍语）。自从宋米芾、黄伯思、秦观"各有专书，已纠其失"，先后质疑，又有许瀚"伪者十九"之语，持异议者"史不绝书"，加以真帖价重难求，学人高瞻不易，亲炙尤难，随着乾嘉后考据学发展的趋势，不能不引起"抑帖扬碑"的风气，在书林中也出现了"求是"的研究精神。本来，《阁帖》众说纷纭，翻刻过多，似乎十目所视，罪不容辞。《兰亭》更不例外，特别是后者在近二十年来引起的真伪论战，至今悬案难决，余波未息。如果昭陵发掘，或有"大白于天下"之一日，而《阁帖》恐怕是前路茫茫了。既如此，是否即置《阁帖》于不论

呢？答曰：否！它正和《兰亭》一样，"今所见者，惟唐人临本"（明
文嘉语），最低限度也是五代人摹本，属于南唐建业文房《昇元帖》
的后身，或北宋末《大观帖》的前身，堪称"中秘古迹"。所以，虽
非"历代帝王、名臣"的真迹，但凭借此帖着重保存，传播二王的精
神面貌和技法传统，使近千年来得以继承和发扬，平心而论则是功大
于罪。因此，对待《阁帖》也必须一分为二，才能透过现象而接触本
质（情性），真正达到"求是"的目的。这样地从事书法鉴定，总不
会离题太远，漫无所归吧！不仅如此，即令是鉴别任何一件文物资
料，都应当力破"我执"，善于"存疑"。正巧，翁氏也有此佳例。
如七十二岁所作《褚临兰亭绢本》长跋中，就反复推理，提出两处疑
问，自疑随即自解，宁可游离其词，而不肯下一个斩钉截铁的断语。
这种治学态度很值得我们学习。还不料紧接此跋之后，其及门弟子梁
章钜竟对本师大唱反调，认为"吾师亦未加详审"，大有以杜句"老
年花似雾中看"相隐喻，而笞其老愦失检之意。此类于争鸣之举，有
裨学术，当然无可非议。但回头来看馆藏《阁帖》翁跋，有"直可作
真祖本宝之矣"的较高评价，又指出中有"凑补"的缺陷，最后作出
"实亦瑜瑕不掩"的折中评断，并非说好到绝顶，而正是恰如其分。
又怎能用"模糊印象"四字，将它否定。昔人谓"子其所不知，盖阙
如也"。即如清皇朝赫然的《钦定本》，所附《释文考异》中举出的
"存疑"就多到十八条，诸大学士无法肯定，何况其余！诚如所云，
翁氏"一代藏家，鉴定精审"，对照上述跋例，是如何地谦虚谨慎，
先后如出一辙，同样体现了"求是、存疑"的勉学精神，我辈后学，
对之能不感愧！

　　以上五点，仅提供馆中同志们的参考，不欲外传。或有馆外友人
索观，由笔者酌情自行写送。凡有匡教，敬当"存记"。建议互相保
留，并行不悖。笔者七旬久病，心余力绌，倘为此引起舌辩或笔战，
恕不能奉陪耳。

　　最后附上一笔：为了便于墨拓的鉴定，对于笔画形态同异之间

的比照，仍不失为一项重要的方式。这里，以《阁帖》第十册王献之的《鹅群》帖局部拓页，摄成影片作为实物资料，计有：（一）馆藏明拓肃本，（二）宋拓贾相本（日本影印，迁本史邑校订，笔者藏），（三）本是笔者捐献本馆，（四）旧拓肃本（许庄叔君藏）等四种。对比的结果，（一）本的"鹅"字转换笔法和上下牵丝最精妙入微，为余本所不能企及，与（二）本即宋拓影印本最为接近，运转处均透露锋棱。（三）即泉州本较为含混，但仍不掩朴茂清刚之古色。（四）本即许藏本则较为丰腴，似别开生面，惜牵丝有断处。总之，不论从形质论，特别是从情采、风骨论，都以馆藏肃本为最。虽然《鹅群》经过宋人考鉴，非大令真迹，但却是出于唐人手笔，值得珍视。北宋黄山谷早认为贞观时人作；黄伯思也说："前辈谓此墨帖，乃大令真迹……笔势险远，数从空中数丈外掷下。"又说："此书殊不恶，但怒张狂劲，无晋诸贤韵味。"虽然有贬词，但没有说它不是唐迹。况且，盛唐孟浩然有"枥嘶支遁马，池养右军鹅"，李白有"山阴道士如相见，应写黄庭换白鹅"，中唐刘禹锡有"遗经终为写，不虑惜鹅群"，晚唐陆龟蒙有"玄坛教凤集，书好换鹅群"等句。足见唐代盛传换鹅之事，还有好鹅、烹鹅、白鹅甚至红鹅等等，其说不一。具体到献之说，除淳化秘阁有这一藏本之外，《宣和书谱》中载献之草、正、行的十一种墨迹中，就有《鹅群》帖在内。它虽是附会上述逸少故事，而锦上添花地托名献之所作，不可能代表大令全貌，但这种翔舞腾掷的"外拓"之势，与乃翁的"内擫"法相辅相成。通过此帖，也可看出它与王书"血嗣嫡传"有不可分割的自然关系。在《阁帖》上，正可以作为一个有意义的实物证据。

附图

王元美謂大令書散朗多姿已逗李北海

米元章趙松雪消息可稱善鑒徃來鑒

賞家未能道也右軍龍翔鳳翥左規右

矩無美不臻實天縱書道之聖也以大令

則離而異之大令規矩者過于專謹翔

舞者過于縱逸子昂浮其專謹元章

浮其縱逸又各異此費藏肅刻明精

搨閣帖十冊萃備二王妙諦如此祖本于

今日不易逢今浮逢此刻直可作真祖本

寶之矣雖微宥不全及有肅府補刻者補

之並又以西安本補湊實無瑕不揜蓋

集帖刻石一二十年即有破裂重補之者

昔人謂淳古刻數行學之便可名世況

真帖其多耶是帖湊補皆是舊精搨

者即湊補何害令久未浮原本補之此

見肅本明搨之難浮矣近日厰肆值重千

金云　乾隆四十年六月二十五日　方綱

明费藏肃刻本淳化阁帖-1

歷代帝王法帖第一

漢章帝書

辯羽翮就沛火帝為皮人

皇妃弟父字乃織太逗迤

張惠蘭海鹹河淩

亳發四淩波渟覽博已長

不驚兆尚寸滄是蘇孛當

詔力忠興泡茶旦憮終豆今

掌便筆仕拵殊溢汉物己二

崇笋苦雨沭浮渴玑示素埃

明费藏肃刻本淳化阁帖-2

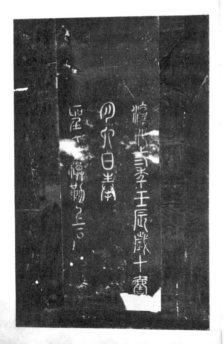

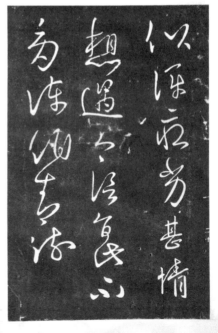

似深雨芳甚情

趋遄六涼復示

為涑油吉浩

明费藏肃刻本淳化阁帖-3

《江夏吕圣逸先生印存》序

　　染仓室与莲花庵，尝以文人画为倡。所谓文人，非徒寻常吟弄之流，必也淹通百氏，洞澈古今，夫然后可以言。盖中国艺术，迥异欧西，为画师者，不能仅限于画，他亦如之。而治印一道，于文字之沿革、书法之变迁，尤息息相关，欲求其擅场婤嬺，更非文人莫属也。余愿再申一意，即文人画固重，而文人印尤重；印而不文。将无所可。世之翯然奏刀者众矣，吾不见其能中肯綮也，吾有愿而未逮焉。吾欲合桑林之舞，中经首之会也，世固以文人目余矣，不知余已局于吟弄，仍不敢几也。亦尝自镌姓字，若吉羊语，以为嬉娱，尝自笑如玉局之为词，乃不着腔子诗。王灼所谓东坡先生非心醉于音律者，乃偶尔作歌耳。其歌之不能趁拍赴节，盖可想见。而余治印之不谙法度，亦有同然。有列举工璪刻者，不及余则已，倘必牵帅及之，徒令余自障纨扇而逃。第亦有谬采虚声，属作曹丘生，为游扬于士夫间者，亦相和喁于，而莫究其所以然，将居余于作家之列乎？抑鉴家之列乎？均不可知也！吕君圣逸工治印，并娴绘事，居于滔滔江汉之氾，而驰声山林畏佳之国。其知见广、学艺精，其蕲向所至，有符于余所谓文人印者。近将裒集所刻为一帙，愿得一言。余惟吕君意重，不可却。辄书己见以报。倘谓余所云，乃不着腔子诗，如玉卮之无当，其真知言也夫！

民国三十一年二月六日贵阳陈恒安识

谈学习小篆的方法

　　近来，有些青年朋友要我谈谈写小篆的方法，我也没有系统的经验向大家介绍，就简单讲讲我自己学习小篆的一点体会吧。

　　学习小篆，这也是一门学问，不能把它孤立起来，认为只是简单地描头画角。画像一个字，容易办到，理解就困难得多。要在理解的基础上书写，在书写时加深理解。可以说，它是文字学入门的基础。学好了它，不但能对自己的书写带来直接的好处，而且对阅读古籍，提高古典文学的欣赏水平，都会有帮助。初学时，比较枯索无味，要有毅力和恒心，首先是培养学习的兴趣。记得，我十三岁时，就开始向贵州的老前辈王仲肃先生学习篆书。先生学识渊博，很有教育经验，先生给我讲《说文解字叙》中的六书，举了许多象形和会意的字为例，说得生动活泼，极有风趣。我被先生善于言辞的讲解吸引住了，至今记忆犹新。就那时来讲，我写小篆的目的，不是把它作为书法来学习的，是想知晓文字学（旧称小学），以便阅读古籍。为了记忆牢固，采取书写的办法，分两步进行，第一，写《说文》部首五百四十字，要写百遍以上；第二，《说文》有九千多字，不容易一一书写，也很难记。因而，就用小篆来写唐诗，先写五言绝句，次写七言绝句，再进而写五言律诗至七言律诗。小篆的运用就比较熟悉了。这中间有《说文》所无的字，就要根据文字学、训诂学的方法来解决。不能毫无根据地任意拼凑。同时并进的是《说文》全部通读，先阅读王筠的《说文句读》，再着重读段玉裁的《说文解字注》，全在运用时，就可以避免少犯错误。这说明学习小篆和文字学是分不开的，不能单打一地埋头书写，置音、形、义而不问，那是不会得到学术上的好处，也很难在艺术上收到成果。

学习小篆，如同写楷书一样，应从平正入手，这关系到如何选择临本的问题。早年，我主要学杨沂孙、吴大澂写的《说文》部首，参以贵州莫友芝、郑子尹、姚华的篆书。他们的篆体，大都中锋用笔，风格趋于朴实，且笔意清楚，使转分明，便于初学。清代由于大兴金石之学，涌现了不少篆书家，其学篆书的渊源，大都直接从李斯、李阳冰入手，并参照钟鼎、古籀、碑额、当、印等的结体笔意自成家数，有的则是一脉相承，并有所发展。因而，我们不能对清代所留下的这些珍贵的篆书作品等闲视之，可以说，对我们学习篆书打开了一条捷径，避免了走许多弯路。比那种直接取法李斯、李阳冰篆书，要容易入门得多。但也应有选择地进行临习。对于邓石如的篆书，取法汉碑额、当，以隶草、篆，遂能独创一格，但我认为流弊太大，过于美，直朴不够，至于赵之谦，虽有可取之处，但他是从邓的遗墨演变而来，因而也没有……

对于古人的东西，要做到能入能出，"入"比较容易，"出"就困难得多。初学者师承某家有一定基础后，就要扩大视野，多看多写碑版，为"出"准备条件，如像李斯的《琅琊台》《泰山刻石》《峄山碑》，唐以后翻刻的，而比较清楚，容易模仿，李阳冰的《栖先茔记》《三坟记》《谦卦碑》等拓本也比较容易看到，汉代《三石阙》《吴天发神谶碑》方头尖尾，也可供参考。有机会，也要多接触一些青铜器铭文，结合大篆的笔意。杨沂孙就是用大篆的笔意参小篆古书写的。

学习小篆，因碑因人风貌有所不同，小篆结体或方或长，以长形为主（在刻印上叫作铁线文，但不能过长，过长很容易沾染俗气，另有一种写法叫作玉箸文），笔画粗细均匀一致，间架结构排列力求整齐。写得好的在死板中也有生动的趣味，否则就太刻板了，清初，有些人很崇尚玉箸，洪亮吉、孙星衍、王澍等都是这样。他们往往用细绳将笔毫上部缠住，只留笔尖的一部分，以供使转，为了方便，有人又把笔尖用火烧去或用剪刀剪去。如此写来，笔画整齐划一，正如清代贵阳书家袁思韠所说："观其纵笔所到，聚墨如珠。"也别有情趣，可惜有些做作，勉强。不像近人汪旭初（汪东）先生和王福庵那样，能保持笔的原状，用藏锋方法书写，其笔画虽细，而运用与邓石如、吴熙载等遥遥相通。不过，现在我们学习小篆的方法，还是如前所说，用吴大澂、杨沂孙的方法较为合适。

关于篆书的写法，元人吾丘衍的《三十五举》，以及清人桂馥等的《续三十五举》都是传续篆书的写法，可提供大家研习。小篆的写法同楷书一样，先上后下，先左后右，先外后里，其用笔，主要以中锋为主。但也有换笔，讲究间架，有大小、长短、横竖相间，不能写得个个一样，如同算盘子，书写速度较均匀，有时也峻利，莫友芝就有这种现象。

学习小篆，上可沟通甲骨文、金文，下可联系八分、隶、章草、行楷、今草，学好它，可了解文字源流发展的脉络，对书体的演变，就有了较清楚的认识，学习书法，无论攻哪一体，最好是有小篆的底功，这样，写出来的字就凝重、浑成。

南天春早　花放书坛

　　"最是一年春好处"，当 1981 年春节到来之时，全国第一届书法篆刻展览，继沈阳、北京和南宁之后，在贵州省会贵阳揭幕了。这次展出，乘东风之便，得气候之宜，艺林群树，映照千枝，正好作为新春的最早献礼。

　　不仅在贵州，就是在全国，凡是得以观光书法展览的人们，无不异口同声，交相称道这次对祖国书坛大检阅的空前盛举。参加展出的，除全国二十九个省、市、自治区知名硕彦和继起新秀的作品而外，还有老一辈革命家、中央领导同志，已故书法篆刻家及港澳同胞、台湾同胞的作品。展品凡五百余件，且不拘一格，不限流派，其中有体貌端重、行列秀整的楷书，有流利飘逸、沉着痛快的草书，有结构谨严、气度萧散的行书，有雄强茂密、规矩准绳的隶书等件。形式方面有中堂、直幅及屏对（包括扇面），更有取法于秦汉印玺、皖浙各派及吴昌硕、齐白石、邓散木诸家的篆刻作品。真是有体皆备，无品不具。

　　这次书法篆刻展览，是根据去年五月在沈阳召开的有关书法会议的精神着手筹备的。整个评选工作，是在讲质量、讲团结的前提下开展的。早在沈阳会议期间，有关方面就对作品进行了鉴选和预展。由于广大书法篆刻界同仁的协同努力，这次展出的作品大多达到了相当的水平，不仅在继承传统的基础上有所发展、创新，而且还在不同程度上体现了时代精神。

贵阳这次展出，是由中国书法家协会筹委会主办，由省美协、省博物馆予以承办的。感到欣慰的是，这次贵州入选作品甚众，仅次于邻省四川、广西，而与湖南不相上下，但作为书法工作者的一员，参观展览之后，却深感自己不足之处太多，看到省内外的作品阵容，满目琳琅，自然会产生"转益多师是汝师"之感，从而倍感激勉！

书法篆刻，是创兴于中国，盛行于日本，在不少国际友人中深有影响的一门造型艺术。它通过笔墨点画，好比雕塑绘画那样，各在不同条件下，可以用来表达人们的思想情操和学问功力。那精微绝妙之处，又像音乐一样能扣人心弦，给人以美的享受。作为文化艺术交流的重要方面，我深信，通过这次巡回展览，必将为书法篆刻艺术，开拓广阔的阵地，培育繁茂的新芽。

愿书法篆刻界的同仁长足奋进，以巧夺天工的妙手，挥动神州的如椽大笔，在文化战线上，为实现四化"润色鸿业"，掬献赤诚。

（《山花》1981 年第 3 期）

意先笔后、翰逸神飞（代前言）

今年为建国三十五周年，十亿神州，同申祝愿。在党和政府殷切关怀下，贵阳文艺界体承市委意图，获得各方面之襄助，由市文联负责征集山水、花鸟国画，与版画、书法篆刻等名家作品，汇为丛编，命名曰《贵阳艺苑》，以为国庆之献礼。而《贵阳书法篆刻选集》，即其中之一。此集之编成，就筑垣乃至全黔而言，譬夫莺催早起，梅占春先，谓为创举，应非夸饰，不第此也。抑且及时贡拙，以有限篇幅，求正于兄弟省市与国内外方家之前，赐我箴规，用资激勉，庶几目穷千里，更上一层，他日硕果丰收，幸沐嘉惠，甚获益岂浅鲜哉！

书法之植根成材，培护有方，莫先于中国，在艺术领域中被列为一门，亦由中国肇端。千余年来，伴随语言文字之发展变化，直接间接，亦曾影响及于东南亚诸邦，溯自唐代以还，中日文化交流，日益频繁，东瀛艺友，极崇书道，含英咀华，蔚然成风。虽世界艺术坛场，视我国书法若无物，寄以蔑视，作为艺学一科，尤不愿加以承认，然而，我国书法，固巍然不动，屹立于长城黄河之间；日本则共树分条，同声相应，无孤赏，无停躅矣。

与其他事物同其运会，或兴或替，弥矬弥坚，书法程途，信非一帆风顺也。尝谓近五百年来，书法竟遭两厄：一厄于"馆阁体"之科举末习，在漫长岁月中，以"乌方光"，"收边、纳行"为唯一准绳，其弊在死板如算子或排印，无生动之笔。公然号称学欧（阳询）、学赵（孟頫），僵化前贤，以便帖括，求丝毫形似尚不可得，遑论神采。

一厄于"碑版式"之江湖魔派，曾丁近百年中，风行津沪等商埠，往往剑拔弩张，气穷力竭，圭角交叉，锋棱四出，加之挥袖曳屣，刺激感官。说者以为赵（之谦）、李（瑞清，即清道人）作俑，后人步趋，实则更行更远，变本加厉，使李、赵见之，亦当退避三舍矣。上述两厄，遍及国内，此间亦不例外。患起于百年前书林，而至今犹留余痼，其可讳疾耶？诚然，今日各地工书者，率皆下笔矜慎，守法谨严，固无虑乎是，惟笔者往日感触所及，不觉信笔写来，借以自规，且愿同勉，非敢妄为论列也。所望书学群彦，善为衡鉴别裁，庶使优良传统，得以继承发扬，稳步创新，并防躐等，去其涂抹，贵在精研，终见百花竞放，不拘一格，不再陈陈相因，而能轩轩霞举，则吾黔书法，将必迈越前人，盖可断言。

黔地书法，亦自有其历史根源，然求之古代，文献几乎无征，所幸在考古发掘与发现中间，为之提供不少实物证据，重要者如西汉元始纪年之漆耳杯铭文，精整细密，宛同针刻，可谓蝇头汉隶；如东汉永元纪年之陶罐铭文，信手划成，参差不齐，又可称草隶；如蜀汉章武纪年之买山文摩岩，粗率中有淳朴之气。此等零散之金石文字，虽非丰碑巨阙，却如片羽吉光，字字珠玑，耐人探索玩味，洵为省内反映汉代书艺之重要一环，为摹习之良好资料，不徒"好古敏求""以稀为贵"而已。惜自此迄于北宋，残石断缣，皆阒然无闻，直至南宋末叶，始留有播州杨氏之墓志铭、神道碑等，于近岁出土，人或谓明代以前，黔地无书迹可言，盖不睹上述文物也，非知言也，以言明代，除现存楷书成化钟铭文，篆书万历平播钟鼎铭文，郭子章楷书、见龙洞题名、张翀行书题句、摩崖等以外，省内书家及其作品，至此乃次第崭露其头角，有谢三秀之端楷，杨师孔、何腾蛟之行书擘窠文字，杨龙友之草书等，各擅胜场。清代则善书者辈出，早期以周渔璜之行楷为最著，稍后有善学晋、唐之王履升，咸丰、同治以降，乃形成书法之炽盛时期，郑子尹、莫子偲以兼工篆、隶、草、真各体享有盛名，而罗质庵、何翰伯、姚茫父继之，再后为袁锡臣、严弼臣之行楷，皆精能稳练，堪称佳作。概略言之，黔之书法传统，带有地方习尚及作家个性者，集中表现于篆书、行楷书两方面。前者上承秦李斯，中承唐李阳冰，下及宋释梦瑛，不拘泥于清初玉箸笔法，更不涉及风靡一时之邓（石如）派，参以鼎彝与砖陶文字，富于金石韵味，遂成为黔省篆书流派，此以莫、姚两家为其表率。后者力崇颜（真卿）体，参以米（芾）诀，且为滇之钱南园、湘之何子贞所熏陶，不免隔邻分灯，气求声应，出之凝重方整，良非偶然。行楷则由郑及袁，同一机轴，先后謦欬相通。入选诸家，或多或少，受此影响，未尽能越出范畴。笔者先学行楷于乐稼泉师，旋学小篆于王仲肃师，亦由上述渊源，得以循序渐进，不致乱丝歧路，莫所适从，就黔言黔，或有一得，而旷观书法全局，只不过一例耳，非谓尽当如是也。承学之士，何妨扩而充之，俾免于墨守，而宜放宽视界，祈向于出者远者。

　　学书者及其所需之必要条件，亦有今昔对比，先后判若天渊之事实。当明、清科甲时代，求取书法范本之精良者，谈何容易。在碑帖当中，所谓原石之明拓或宋拓，已成为奇货，几乎与世隔绝。寻常传播者，多为重翻妄刻，非钝拙即稚弱，尽失原貌。在名家书迹中，以汴、苏、湘、蜀之赝品片子争售，乱人耳目，更不见庐山真面。实则妙墨名笔，大都为善鉴者或富有者所据有，藏之深深，秘不示人，但求一睹为快且不能，安得入手谛视，对面摹临。由近六十年来以迄解放前，莫不如是。当时诚有商务、中华、有正等书肆之影本，惜愿宏力薄，传之不广。且价较昂贵，莘莘学子，多对之不存奢望。幸值建国，宏规大启之年，群伦生活丰裕，文艺事业随之发展，书法同受其惠。区区学习范本，亦得以广泛提供，满意解决。历代之原拓原迹，暨时人手笔，亦千方百计，摄制影印，昔日之千金不易，难若登天者，今则咄嗟可办，万本流传，置之案头，朝夕相伴，如益友，如良师，皆近在眉睫，便于随意临写，孜孜不倦，乐在其中，岂片言只语足以表述耶！尤以推扬书法，有利于精神文明之建设，于是遍及于厂矿、农村、部队、学校、机关，无所不至。所采取方式亦应有尽有，如作者、地区之个人展出及联合展览，乃至国际之间，无远弗届，而个人或集体之即席表演，更摄成电视，录入播音，朝发夕至，传递甚速。有关方面，则举办专业补习学校，乐育群材，几年来卓然有成，师生间亦教学相长。各地报纸杂志，亦辟出专栏、专页，学会、学院则出版专门书刊，多载作品、文章，于技法交流，理论探讨，均大有助益。

在当前各项有利条件下，此《选集》遂及时出而问世，蔚聚群英，如逢盛会。入选各家，有耆龄老学、中年胜友，有青少年之工书者，来自各界，各献所长，皆本人称心之作。其形式则或联或幅，或卷或页，展示多般；其体裁则有篆籀隶分、草章行楷，各种皆备，诚如本文开端所云书界之创获也。此次市文联与市书协筹备处嘱笔者为文置于卷端，自惟老学荒疏，恐负厚望，但谊不可却，勉成此篇，聊作引喤，非敢言序，姑以《书谱》"意先笔后"，"翰逸神飞"为名，盖谓诸家术作，皆素养甚深，有蓄而发，故挥洒自如，畅乐无穷，拙作之被选，与有荣焉。最堪引慰者，今日当为嘤鸣求友，借攻错于他山；异时或为鸿爪雪泥，播余风于学苑。是则此集之编成，谓为今代黔垣书作成绩册也可，谓为新天日月之颂歌篇更可，谓为绚烂将来之先一里程碑也亦可。

1984 年 5 月于云岩

殷契书法漫述

古为今用再登攀，新代安阳一壮观。

三十五年迎建国，心驰笔会与书坛。

接《安阳殷墟笔会》征稿专函，嘱提供拙作，迎接国庆，同深幸慰！仅就殷契书法的学习范围，以七绝诗为纲，分别内容，加以阐发。因杜甫诗题中有"漫兴""短述"等字样，于是以"漫述"命题。

以下四首，谓贵州文献上缺乏殷商记载，亦未发掘到有关文物，为客观条件所限，对甲骨文难于深入研究。

频年发掘古遗存，山泽曾无片甲痕。

论证鬼方属西北，"南中"文化待寻根。

新中国成立以来，在贵州进行考古发掘，未寻得殷商遗迹，当然也没有甲骨残片存在的可能。古史所载的殷高宗伐鬼方，前人多认为指今贵州地区。但经王国维氏考订，作出地在西北的论断，自属可信。至于汉代贵州地区号为"南中"，其文化发展，与殷商如何衔接并受其影响，尚有待于地下文物之出现，以提供线索。

黔中藏甲数稀微，伪品征来应去非。

北辙南辕劳访问，书空辜负雁鸿飞。

笔者在贵州省博物馆从事文物鉴定，工作有年。省外所见甲骨原物及拓片较多，而省内所见公私藏品却甚稀少，且有一种旧骨新刻的伪品掺杂在内，经过鉴选，真品只存一二。因此，国内专家及学术机关曾屡次函索此项材料，竟至无从答复。

> 籀庼举例契斋编，南学追怀五十年。
> 不惜肩经行万里，灵龟随我返书船。

治文字学，应研习甲骨，笔者早年已有认识。当 1930 年代求学南京时，即从中央大学中文系课堂上，听到胡光炜（小石）先生讲授中国古代文学史，述及甲骨文字的发现及其价值。惜与章黄（章太炎、黄季刚两先生）学派所见分歧，曾在师生中引起争论，以此不能多获教益。幸在课外随时留心，先后购求到清孙诒让（籀庼）氏的《契文举例》手稿影印本，现代商承祚（契斋）《殷虚文字类编》刊印本及多种有关著作，由江南返黔。窃以唐卢全"归洛书船"自况，当年求书热忱可以想见。

> 弗堂说契在幽燕，近水楼台得月先。
> 自愧筑城趋步晚，一隅局限井中天。

贵阳既难于接触甲骨实物，亦缺乏此类书籍，故研求者亦少，较先着手者，仅知有 1920 年代寓居北京的姚华（茫父）先生。其遗著《弗堂类稿》中，曾引证殷契，意在阐明六书指事、象形的起源，惜未有专著。以上几点，说明在文献资料十分缺少的环境下，进行甲骨文研究工作，存在一定困难。

以下四首，漫谈甲骨文集联、集诗的前人成就，为现代书写运用方面，提供良好范例。

> 雪堂诗友聚吴天，四至九言同集联。
> 除却消沉遗老气，此书毕竟着先鞭。

契文的实际应用，开始于集入楹联，首倡者为罗振玉（雪堂）氏，而章钰、高德馨、王季烈三位相继有作。联语皆出自撰，并未摘用前人成句。因契文有限，对旧句用字，极难迁就，不如自撰稳便。

据罗氏题跋"四家合得四百余联，汇成一集，欲手写流传……"，又云"乃始从事缮写，付之手民……"等语。他们经过相互推敲后，初稿之成，可能出于罗氏手笔，并由其主编。集联内容，与时代要求颇有距离，但此种努力，对契文集联起到了先驱作用。且集成骈文的长序，亦见巧思。这些都应当肯定。

> 摘取清诗上溯唐，苦心孤诣世无双。
> 写成上卷琴斋去，如剪吴松水半江。

如前所述，就少数契文，用自撰联语写出，已行之不易，何况选用前人诗句，组成一首整体。既要选字有依据，又要诗意自然，无勉强凑合情况，可谓"戛乎其难"。而广东简琴斋先生竟具有冥思苦索的毅力，能"一鼓作气"将前人诗句驱入腕下，灵活运用，使之凝结为一种妙品。虽选材由唐至清，不免漫长，然非潜研困学，不能有成。加以书写随意，颇得卜辞笔画神韵，至堪叹服。所惜未出下册，至为遗憾！

> 自吟诗句集殷墟，最是滇渔与鹤庐。
> 信手拈来为我用，光莹字字走盘珠。

将为数不多的契文，运用入自撰诗句中者，如叶玉森（滇渔）及丁辅之（鹤庐）两氏，其传世作品较多亦较佳。著名艺苑，更由于深研诗律，心追手拟，得自然之妙，即置契文书迹于不论，吟咏中屡遇名篇好句，诵览之余，反觉相得益彰。集联字少较易，集旧句不免迁就与限制，难于成篇。唯有将所习用之契文，集为自撰的诗作，则比较容易措手，且便于斟酌与改正。此法对笔者颇有启发。

> 不求考史但论书，摹用千文太半无？
> 艺学聊堪备一格，集诗而外更"诗余"。

在目前可识的殷墟文字范围中，除僻字、死字、异字等以外，能熟练掌握而运用于联语、诗篇者，约六七百字，不过千字，自不能肆应裕如，便于周转。因此，必须通晓并借助于训诂之学，将转注、假借等用字方法，移用到诗、联的撰集方面，但不应以字斟句酌，精雕细琢的功夫为满足，还应当力求避免生硬拼凑或纤巧，使吐属自然舒畅，在文字学与书法配合的条件下，发挥相辅相成的作用。笔者本此意念，集成殷契文古体，及律绝诗百余首，自以《宏福集吟》题眉，因所居在贵阳黔灵山古弘福寺的附近，故名。又词为"诗余"，格律较诗精严，因从事填词有年，近亦试集"小令"多首，或为艺圃中小品花草之一，当有先我而为之者，珠玉在前，获睹为快。

以下四首，专谈殷契书法笔画结构如何适宜安排的问题。

> 峭丽精严继伟雄，卜辞亦目具书风。
> 分期倘有参差见，不废前人筚路功。

自清代光绪末年发现殷墟甲骨文字以来，迄今近 90 年。经过发掘，尤其是 1949 年后的科学发掘与研究，以实物证明商代奴隶社会的史实，成就更大。前辈学人根据地层、坑位及其他标准，结合卜辞记事的分类，进行探讨。时代划分为五期，就各期文字举例，除阐明有关史迹外，可推见书之先后不同。如（一）武丁及其以前时期，书法雄伟；（二）祖庚、祖甲时期，字体谨饬，行款严整；（三）廪辛、康丁时期，书法幼稚，行款错杂，且文风颓靡；（四）武乙、父丁时期，书法劲峭；（五）帝乙、帝辛时期，结构精严，书法纤丽（以上大体依董作宾氏说）。此分期之说，至今或有不同意见，但殷契书法之独具风格，自无庸怀疑。

> 圆弧方矩自安排，学契当攀第一阶。
> 为璧为圭相映发，此中能合亦能乖。

契文的书法结体，当由横画直竖的方折笔，与半弯全环的圆转笔，相互结合而成。此为最低限度的要求。当然要勤写契文和熟读契文，先宜"胸有成竹"，然后落笔。书写时更当注意一字一行之间，当方处不应圆，当弯处不应折。如有紊乱乖违，宁可改弦更张，重换一幅，以求符合意度安雅，风格秀整的殷契书法标准。此处所谓"乖合"，是指契文的结体布局，与唐孙过庭《书谱》据作书者心情与工具、环境等而提出的"五乖五合"，又迥然不同。

　　写到渔文卅笔繁，一弯眉月不单寒。
　　疏疏密密成完幅，只合全观莫拆看。

　　和其他书体相近似，以极多或极少的笔画构成，就甲骨文说，显得更为突出。如：渔（刻成四小鱼，加水流点滴）40多笔，月只刻一弯，差距之大，有时较行楷书为甚。关键问题，在于掌握每字的单独结构，与衡量每行及整幅的如何协调完美。可以说，和图画涵义相似，要讲究谋篇布局，互相映带。如此才能写成一个较合格的甲骨文书法作品。所以，不应从逐字逐行看，而应从全幅看，才有整体感。

　　陶钧二篆入篇章，濠叟愙斋各有方。
　　商契自成高格调，吉金乐石不同堂。

　　就笔者的体会，认为应当一字管一字，不能用形声组合的方法，将二字硬拼为一字，也不能拆用此字之半当成另一字。在契文范围内，先须守此戒律。诚然，有不少个体字还存在难于确释的问题，但从实物拓片及重要著作上，只要有根有据，并进行存真去伪的考虑，便能运用得宜。于此，应看出和大小二篆结体不同，杨沂孙（濠叟）氏融化大篆，以小篆形式写《在昔篇》等，吴大澂以大篆形式写《论语》，而取小篆补其不足。可见二篆之间，大有商量通融的余地。甲骨文则不然，与后来范铸、石刻之篆体大有区别，不宜放宽范围尺度，以二篆随意阑入。所以，与商周金文、秦石鼓、汉碑额等相较，在书体构成上，不能熔为一炉，而贸然仿效杨、吴二氏作法。

　　复次四首，述及书写契文的关键处，在于笔笔中锋，力求做到含蓄，稳练，不可刻露，轻率。年来对此渐有所悟，不足以言"心得"。

引书入手峄山碑，学契相循亦旧规。

莫似清初成末习，托名玉箸剪毛锥。

无论学写金文与甲骨文，必须从研究《说文》出发，在文字学上可作为桥梁，在书法艺术上亦可由此奠定根基。尽管目前文字探讨已越出许书范围，但学写契文者，仍应以先攻小篆为主，而秦《峄山碑》即为良好范本之一。此碑除结体严整外，专谈用笔，即具有稳定坚实，停匀雅洁的胜处，最宜取法。清初有人作小篆，过分追求每字用笔的粗细一律，竟不惜将毫尖剪秃或烧掉，以取得刻板式的效果。当时亦称"玉箸体"，徒具虚名而已。曾见近人跋洪亮吉的篆迹，有"观其纵笔所到，聚墨如珠"之语，其实此正是一种弊病，不能运用到契文上，以免出现那种行笔全渴，末端积墨呆滞的情况。

悬针垂薤自殊功，凝笔收尖入浑融。

识得贞人深稳处，不关挥刀快如风。

宁神静志，养成精深稳练的功夫，操刀刻契者理应如此，执笔摹写契文者更应如此。因之，不能锋尖毕露，作悬针垂薤之状，如《说文》附和魏《正始石经》所列的古文等那样作法。凡属此类，都与契文的贵在含蓄自然，有所区别。最好能从甲骨文的精拓上，体会出"贞人"之中那种沉着熟练、得心应手的深厚功力。从而就某片甲骨上，看出文字的安排部位和行款都经过相当缜密的思考；不是漫不经心、一挥而就刻成的。应当指出，甲骨文字大都是有关殷商的当时国家大事，如祭祖、征伐、田猎、收获之类，不会草率从事，只图塞责的。其中，也会偶然出现苴弱颓靡、刻法随便的现象，但那只是商代衰微时期才会如此，不能一概而论。论者曾有过运肘如飞、急就挥刀的推测，对契文来说，不尽切合实际。

单刀直入更无差，力透强如锥画沙。

善用中锋写商契，自然笔墨出镂华。

含蓄自然实为殷契书法的较高境界，但这绝不是一朝一夕，浅尝辄止的学习方法所能办到。如果说书写契文，也不外乎是笔笔中锋的老生常谈，并无任何奥秘，那么此诗强调的中锋，却又自有讲究：（一）锋尖必须在笔画中间行走，从起笔、运笔到收笔，字字都要直管竖毫，谨防偏侧。前人有"心正笔正"的说法，用在笔的本身上，颇觉相似。（二）用笔以平入平出为宜，不能像临写鼎彝碑版，多用逆笔、涩笔以致丧失或歪曲契刻文字的形貌神情。（三）必须牢固掌握和竭力探求中锋的运用方法，但中锋的使转，不可一味追求线条的处处整齐，趋于图案化，而终于失却书艺价值。以上三点，笔者自己引为戒律。由于契文与其他书体不尽相同，学书者须有文字学上的一定依据，由此循守法度，敛才就范，不能挥洒自如，纵笔所之。如果像行楷那样中侧并用的笔致，隶书那种蚕头燕尾的弹性挑捺，是和契文格格不入的。因为甲骨契刻居先，经过青铜范铸，直到简帛书写等不同阶段，已获致不同的结果，正是势所必然。但毕竟汉族文字，从中"求同存异"不能不有一条主要的脉络，绵延不断地连贯下来。若从文字笔画上找寻迹象，便直接关系到"中锋"二字。为了便于说明问题，最好以"单刀直入"一语，作为殷契书法的简要概括。作书者既能将笔看成是刀，尽可以认定中线，一刀直下，构成匀称的整体笔画。再作形象生动的中锋比喻——"如锥画沙"，就是指沙上每个笔痕凹入最深的那中心一线。这运用到殷契书法方面，更为确切不移。中锋，不仅对甲骨，就是对鼎彝、碑版的临摹书写，都是十分重要的。笔者窃以为，将来书学界如果要从契文沟通各体，融成一气，当以乞灵于中锋用笔，较为直截了当。不仅如此，今天书写契文，更有其特殊要求，即：既要不失镌刻中劲峭朴质的独特风格，又要具备轻重得宜、渴润相间的笔墨气韵。因为我们腕下的契文不是刻成，而是写成的，所产生的是书艺中的一种作品。

　　针刻铭文并考求，耳杯汉隶似蝇头。

锋端直线无偏侧，中有殷商遗意留。

镌刻不离中锋，周秦铜器铭文中此例颇多，无须列举。笔者因鉴定古文物的工作需要，曾接触到西汉元始三年的漆耳杯（贵州清镇出土）。杯底有细字针刻的铭文，可说是小如铢黍。由于笔画纤细精微，最能借以找到运用中锋的显明轨迹。虽然汉隶自有方扁形式与婉和笔法，不能和契文互较短长，混为一谈，然而，就中锋这一点说，或同源于商代的遗法，为学契用笔，提供一个有力的旁证。以下三首，言及书写工具与书幅款式，并勗勉将来努力，表述目前感想，作为附记。

工善须当利器先，契文择笔岂徒然。
狼毫兔颖取刚劲，最走生宣落墨妍。

据笔者习惯，书写契文，宜用紫毫、狼毫或兼毫（如七紫三羊等），不宜羊毫，长锋尤不便驱使。选毫在于刚健有力，不能偏于柔软。用纸须用生宣，玉版更佳，写成后可验其力透处是否有契刻轻重的意味，以供欣赏或改正。

粗联立幅界朱丝，甲骨入书亦入时。
题款释文行与楷，清新淡雅更多姿。

契文书幅，若取大小参差比较自然的布局，尽可不画丝栏，但这样构思成幅，必须多费琢磨，若画就朱丝格，有范围可循，则失误较少而便宜亦多。并由于古文字中，甲骨本身已难辨识，应用上不能不常有通假，故必须附以行楷体的释文，随之题上年款和作者名姓。如配合得宜，衬托甲骨文，可引起谐和一致的美感。但不论联诗，若非出于自集，应当书明原集成者的姓名或别号，以重前学。

近百年来震学林，契文简牍待追寻。
砚耕祝愿双丰获，一鞠山翁赤子心。

信笔写成绝句，缀以短述，等于自行诠释。最后联系到近代中国学术界所发现的两项重要资料——殷周甲骨文、秦汉简牍书，既有利于学术研究，又有利于书法艺术的习作。笔者以 75 岁的余年，愿伴随艺林众友，不断耕耘，获取丰收。即以此芜词作为论文稿急就交卷，浅陋及不当之处，希进而教之。

（《贵州省博物馆馆刊》创刊号，1985 年 6 月）

附

陈恒安先生书甲骨文自作诗："戊午阳春月，书从毕节来。刚直见风义，梦寐谢关怀。历尽沧桑事，莫教名姓埋。长为问渔祝，老友百无灾。"

陈恒安先生书甲骨文自作诗："胜日相逢喜百端，休云风雨历多艰。淡怀且饮南明水，宿学长依子午山。老去笔花犹竞赏，新来文圃任盘桓。边州深考杨家史，一祀春秋或有关。"

三、文学漫记

黔灵胜境

　　记得唐代诗人孟郊有两句诗写道："旧闻天下山，半在黔中青。"对我们这一方的山景寄予了较高的评价。的确，这里风光在眼，终年长青。那时的黔中，大体上包括今天贵州的东北部，并泛指中部的贵阳在内，当然也把黔灵一山容纳了进去，虽然这座山在唐代还不知名。但由此可见贵州多山，早已名闻天下。只可惜，山多于水，特别是有山无湖，不能不说是大自然给予我们的"美中不足"！

　　随着社会主义革命和建设的胜利开展，贵州的自然条件，也不断得到改造，山山水水，处处都换新颜。湖山兼胜的黔灵风景区，于是从层峦叠嶂，千岩万壑的交错中，像神仙境界般地涌现在人们的眼前，雄奇，幽雅，明秀。遨游到此，宛如身在江南。有峰，有岭，有岩，有泉，有涧，还有美丽的湖，就整个布局说，真是紧凑而不散漫。这也许就是黔灵画幅难于充分表现的特点。

　　据文献记载，黔灵风景区的创辟，应当上溯到公元1413年（明永乐十一年），距今566年。也就是明初派驻贵州的定远侯顾成，在山后发现随时消涨的"圣泉水"，建坊立亭的那些年代。而正式的开山建寺，却是在公元1672年（清康熙十一年），距今307年。这个丛林古刹的创始人是赤松和尚，法名道领。他是从山后的"圣泉"和"大罗目"（地名，即黔灵湖一带）那方面攀藤附葛地登上本山，先结茅庵，然后"化缘"筹款，经过18年才把大殿和楼廊，全部修筑完成的。

相传有一种神话般的理由，凡是天地"灵气"所聚集不散的地方，就会使那里的高山峻岭，幻化飞腾成为如雄狮，如大象那样灵奇，灵妙的人间胜境。赤松正是以这种"出自天然"的含义，给这座山命名为黔灵，从而希望它像祖国东南部杭州的灵隐、南京的灵谷等等一样，成为西南的数一数二的名胜。不久，又有人根据唐代玄奘法师翻译佛经所在的弘福寺（遗址在今西安）的古老名称，沿用到这里，号为"弘福禅林"。

古佛洞边的"第一山"三字石刻，原是宋代大书法家米芾在江苏所题的"摩岩"，本来与此山无关。但既然清末有人把这三字"移植"到这里，就必须上加贵州二字，才能实事求是，不至于"夜郎自大"，夸夸其谈。其实清康熙贵州著名诗人周渔璜早就说过这座山只是"黔山之冠"的话，清末诗人陈筱石也有"大好黔灵第一峰"之句，都恰如其分。今天，山门上展现着"黔灵第一山"五个大字。经过董老的这一名笔品题，将使它在祖国大地的千百名山中分占一席，中外传扬，更增加无限光彩。

自从开山建寺以来，就不再纡回山后而直接取道山前。在山前，修成了一条蜿蜒曲折的石径，登梯拾级，磴道盘云。老名字叫作"之字拐"，就是现在的"九曲径"。沿着这条路有古佛洞的半边亭，有俗名海螺亭的哗亭（音叫，壁上有孔，可以吹振岩谷）等等。还有用清末贵州武将赵德昌的署名，而请文人孙竹雅代书在岩壁上的大"虎"字。看到它，使人联想到山后真有"虎啸风生"。

据文献记载，黔灵有旧"八景"，除了洗钵池、麒麟洞、翠竹龙潭（在庙门左近）、玉猊拥座（接近瞰筑亭）等可以确认地点以外，随着园林设计的变化，将重新加以选择增删，成为新的"八景"。让千百万游客一同欣赏，各取所需，各选其胜。

在贵阳市园林管理局及黔灵公园管理处的具体领导和统筹规划下，近年来已谱成了"黔灵巨变"的诗画般的篇章。不但对原有建筑加以培修和改建，而且增添了许多空前未有的游观处所和新鲜事物。

比较突出的是：在层深厚坚牢的岩石中，开出了一条由山前凿通山后的漫长交通隧道，直抵湖边；就地势高低的配合，在林峦深处设置了贵州的第一所动物园；通过步行、车行互相沟通的石头、柏油路网，将寺庙、湖亭、桥堤、洞府等联成织绣般的一整体。看，还有那波平如镜，位于群山拥抱之中的黔灵湖，可划船，可游泳，可看山光倒影，更令人欣赏无穷，流连忘返。尤其是巍峨皓洁的贵州革命烈士纪念塔，屹立在黔灵中心的佳胜之处，从清明祭扫以至长年瞻仰，最能引起人们的深深怀念。它将使大好湖山，随之永垂不朽，日月照临，光辉灿烂。

　　"黔灵山上望贵阳，建设十年换新装。"这是朱德委员长给我们的鼓励和奖许。今天，在这个启发下，我们广大的中青年，必须跟着革命老前辈的前进步伐，在长征的道路上，夺险攻关，取得四个现代化的胜利。这正好凭借黔灵山的眼前风物，作出"拟人化"的一副诗联："鲜妍新出笋，苍劲后凋松。"让我们对这千仞湖山朗诵高歌，抒发激情，增强奋战的信心。

水绕山环"白锦堡"

——南宋杨粲墓的景物漫写

"莫怪柳州思易播，却原胜境冠黔中。"

这是一位前代贵州诗人留下的散句①。为什么这样着笔呢？想来大家总听到过唐代文苑中，曾经流传下这么一段"佳话"：在柳宗元被贬为柳州刺史的同时，他的好友刘禹锡也被谪为播州（包括今遵义市在内）刺史。柳惑于道听途说，认为播州是"非人所居"的只宜于"投荒"之地。于是为之向唐朝当局"泣"请，愿意"以柳易播"②。经他这一"泣"，刘禹锡果然就没有来到播州。

其实，播州的山川佳处，并不弱于柳州，若论雄深的气概，或有过之而无不及。因之，上引散句便把旧题翻新，加以盛赞：难怪柳刺史都舍得把柳州和它交换——多迷人的美景呀！

南宋杨粲墓地恰好是其中美景之一。它位于市区东南面约十公里地方，属于永安公社范围。地势险要，四围是层峦列岫，下临深广漫长的本地"湘江"，《遵义府志》称之为周水③。这一衣带水的波平流缓，绿净澄鲜，间有青红游鳞往来于荇藻摇漾之中。江流到此萦抱弯

---

① 这是杨覃生（已故）游遵义时所写的诗句。杨是民国修《贵州通志》的最后一任总纂，又是《续修遵义府志》的总纂，安顺人，有《三不惑斋诗集》《文集》。此诗尚未收入。

② 韩愈《柳子厚墓志铭》中记有此事。见《韩昌黎文集》。

③ 即《遵义府志》所载的鳖水。《元和郡县志》"山曲曰鳖"（音周），正合于这里的实景。现改称周水。

环，北来北去，形成杨粲墓三面靠水，一面靠山整个堂局。啊！真是一个宜于兵家扎营，园林憩息的好所在。

如果由市中心区出发，经过周水桥的马路，循山径入桑木桠，沿岸而行，便从对门坡中涌现出墓地全景，葱葱茏茏地迎面扑来。乍看去似乎一跃可至，但要"涉江"前往，还必须踏过一序列高低斜正的"跳磴"，才能迈着轻快步伐，从容地登上彼岸。这是就取道湘江右岸而言。显然这边景色宜人，不但从"柳暗花明"中带出"山重水复"，而且使人一快心目，犹如此身飞入了"三角洲"般的仙源画幅。如果从左岸去，虽然不必渡水，但景致就觉得平平无奇了。

这片岛屿式的墓地，当地人名之曰"皇坟咀"（《府志》上叫冉家林）①。这当然是和杨氏称王称霸的一方统治完全分不开的。这里的后部为一台地，有"营盘"之称。由此再分为上下两部分。东面号为"上营"，是全境的制高点，又是通往近村的唯一陆路。"上营"南北狭而东西宽广。从营盘顶俯视湘江岸，高约三百来米，悬岩陡壁，不能上下攀援。从"跳磴"这边过去就迥然不同了。此地有平沙浅渚，草径禾田，地势颇为平迤。处于皇坟咀西面所谓"下营"的边缘。经过一簇农家房屋，便到了"下营"的中腰部分，杨粲墓位置就在这里。墓前后一带等处，往往发现有明代釉下青花瓷片和粮食灰烬的堆积层。估计旧有墓庐、享堂等建筑物，由于末一代杨应龙的叛乱被明朝讨平后，于万历二十八年庚子（1600年）四月，随同"桃溪庄"的杨氏家庙"一火而焚之"的。另外，还发现有明代杨爱之妻田氏断碑横卧在田间草际。又有一座杨家的无名石室残墓隐蔽在竹丛之内。墓后壁刊有"侯国绵远，子孙吉昌"八个斗大篆字。然而，所谓"侯国"，在370多年前早已烟消云散了。

再"荒塞"不过的画面上，只要有"人为"的物象来作为点题，

①《遵义府志》转引《心斋随笔》云"遵义冉家林侧，有地曰'官坟咀'…乃宣慰杨氏祖茔。其间石墓十余……"，即指此地。

就可以发挥新意，盎然有生趣气。正因为石涛、石溪等的山水中添上了农村渔舍，小桥幽亭，远寺高城……，所以更觉得"情景交融"。这说明自然风物总离不开"人为"的点缀，杨粲墓也未尝不是如此。所以，它既是天然名胜，又是古迹。

杨粲墓是一座分室合葬的大型石墓。左为其本身的男墓室，右为其妻的女墓室。两室结构大体相同。从墓底到墓顶，都是用远方运来的白砂石砌成。最大的石料，每块达 12000 余斤。室内各部分都经过精工雕琢，有的细部还彩绘贴金，但已剥蚀殆尽。所有雕刻装饰，都具有相当高的艺术水平和一定的科学价值。如门窗户壁，梁柱斗拱……，都是仿照当时木构建筑的手法。各种器物的图案装饰上，都表现出宋代艺林所常用的悦目纹样。所以，它虽然是埋藏在地下的墓穴，却应当看成是地面的一所优美建筑物。

墓中石雕以人物为精华部分，总计有半圆雕、浅浮雕、平雕阴线刻等二十八个造像。举例来说：

男墓主人形貌肥硕，头戴宋朝贵胄、重臣常用的长脚幞头（如现在古装京剧中的丞相帽式），身着朝服，端坐在龙椅之上，左右龙柱，前有龙座（棺床）。好比《五代史》上的楚王"马希范作九龙殿，八龙绕柱，自言身（本己）一龙也"的那种排场。

武将着"兽头盔"、锁子甲，佩持剑、斧、弓、箭，其形制正符合南宋《武经》中所常见的卫体武器，远射武器和"砍兵""刺兵"。与勇猛的武将造型相对比的是婉约的女官雕像。她们戴曲脚插花幞头，双鬟呈露，长身素服，手执长柄镜和梳妆油壶，俨然是一幅宫廷仕女图。

令人注视的是赤脚露体的"进贡人"。他们的面目朴质而沉鸷，头发卷曲，身躯粗壮。头顶着满贮珊瑚、大珠、金银锭等的聚宝盘，放出半轮毫光，表示不同凡物。正好为杨氏向少数民族勒索贡品提供一项物证。还有几十个蹲踞着的"负重人"，将身体承托着墓主人宝座下的柱子。这来源于《礼记》上的"侏儒柱"，也可能是从佛教须弥座下的"力士"演化而来的,但在这里已纯粹表现为"苦力"形象,等于是杨氏家内奴隶的写照。

此外,还有"野鹿衔芝""凤穿葡萄""双狮抢球"等图案性很强的小幅雕绘,却相当活泼生动。据熟悉我国艺术史的朋友们谈及,石刻艺术在南宋已不占重要地位了。当时正处在由石雕向铸形和玉雕、木雕的转化过程中。但杨墓石刻还能这样纯熟精炼,就很值得我们的重视和保护。在参观当中,定会给人以一定的艺术感染力。

杨粲是南宋的播州沿边安抚使,是当时黔北最大的统治者(宋为蕃官,元明为土司)。他的入播始祖杨端是山西太原人氏。唐僖宗乾符三年(876年),因南诏(后称大理国)兵攻陷播州,杨端应唐室命收复该地,遂定居在此,世袭官职。据部分史料,北宋时因与任官广西的杨家"通谱",传至第七代杨贵迁即为杨业的后裔①。到南宋宁宗嘉泰初年(1201—1204年),传至第十三代的杨粲,为"全盛"时期。再后二十九传至杨应龙,因抗明而被消灭。计杨氏统治播州凡八百余年,其盘踞一隅的政权从此覆亡。之后,原领地属四川者划为遵义府,清雍正五年(1727年)大举"改流"②之后,才划归贵州;属贵州者划为平越府(今福泉一带)。杨粲部属在抗元战役中起过积极作用,但他家毕竟是经历五个朝代的封建领主,史籍上就有长期奴役榨取各族劳动人民的记载,从石刻群像中也反映出这类史实。对杨粲这个统治阶级人物,应当根据实物、文献,作出比较正确的评价和批判。

此墓的调查发现在1953年。1956年经省人委正式公布,列入第一批全省文物保护单位名单。1957年,贵州省博物馆派出工作组,进

---

① 据明宋濂《潜溪集·杨氏家传》:杨贵迁之父充广,为"宋赠太师中书令业之曾孙,……尝持节广西",杨端之第六代杨昭无子,因联宗的关系,遂取贵迁为后。此外,尚有相同或相异的记载。又,笔者曾听到一位铁路老工人说,山东说评书的当中,曾提到"杨六郎在贵州"的事,可见民间故事中也有这种反映。

② 雍正时将土官(世袭)改设流官,除遵义已划归贵州外,并将湖南、广西靠黔的部分境地亦划入贵州,全省疆域至此完全形成。

行发掘和修复工作。由于此墓早被破坏，所剩随葬物不多，材料不够全面。

这里，不从"考古"角度出发，而以本地风光、名胜古迹的轮廓漫写为主。由于《杨粲墓志铭》残文中有"葬于本堡"的字样，使我们进一层理解到，皇坟咀就是白锦堡的中心地带，离"堡治所"必近在咫尺。有一说应称为白锦堡①。但定向都同是在市区西南部分，两不矛盾。这是"旧堡"。尔后移到穆家川（今市区中心）的则是"新堡"。

现在，遵义市已成为光辉照耀的革命历史名城，在瞻仰之余，不妨顺访这个南宋古迹。至于所谓"堡"，不但是普通的地理名称，而且是南宋边方的一个行政建置单位，和黔史大有关系。在安抚使以前，杨家就受任过"知堡"的官职。就此，顺笔将白锦堡的原委作出交代，从而回顾本题，一笔收住，聊当结束。

---

① 清遵义学者郑珍主"白锦"一说，认为今县治所在的南白镇即"南（部）白锦"，独山学者莫友芝主"白绵"，认为堡境当在白田坝一带。此从郑说。

苍山如海

即景生情，在山言山，自然有十分亲切的感受，于是，便以山为题，写下：《苍山如海》。

苍山如海。

这是诗与画的交融，是千岩万壑奔赴笔端的一幅丹青壮观。由画本印证诗篇，正好以毛主席《娄山关》词中的这个四言名句作为命题，把贵州关山险要和形胜面貌概括了进去。这里就从山脉说起：

贵州的主要山脉，可以分为三大支。其中以发脉于昆仑山，从滇西云岭延伸入黔的苗岭山脉为主干，大体上由西南而东，连绵不断，纵横贯于贵州省境。其次，娄山山脉为左肩，武陵山脉向左翼舒展。它们之间有分有合，脉络分明，从地形图说或风景照片上，从生活体验和旅游途程中，都可以随时接触，朝夕登览。连带着气势磅礴的乌蒙山脉，是西边形势中的又一制高点。

有山必有水。雄强茂密的苗岭，是全省江流的最主要的分水岭。分向北面的是属于长江水系的乌江，就是汉代史籍中的延水；分向南面的是属于珠江水系的北盘江，也就是名标史册的古牂牁江的上源。在绘画取材中，山水皆备，似乎可以作"山一程，水一程"，平分秋色的处理。然而，就贵州说，正如唐代孟郊"旧闻天下山，常在黔中青"的诗画所赞赏，毕竟是山占的幅面比例大过于水。在这个四面云山的优美环境中，把自己的家园称为山城、山寨、山乡乃至山家，与山结为亲邻，可以说是本地风光，恰如其分。

画材也等于是史料的再现或化身。在贵州入画的名山，和当年红军长征的革命史迹，更有着不可分割的血肉相连关系。从飞渡乌江，智取遵义，攻克娄山关，四渡赤水，抢渡北盘江等重大战役中，一一展开了现代人民革命的辉煌史页，也创造和丰富了贵州山水的壮丽画页。这些，过去是，现在是，将来仍然是我们世代相承的绘画、雕塑、刺绣及文章抒写的重大题材。

特别是革命历史名城遵义，最能引起人们的衷心向往；娄山关"万峰插天，中通一线"，展现出它真是一座雄关。如今远近各方的亿万群众前来瞻仰，终年不断。中间包括了多位国内名画家。为了争取完成毛主席纪念堂的厅间壁画的光荣任务，都深怀着无限崇敬的心情，到此实地采集和拣选珍贵画材。他们也游访过黄果树瀑布和花溪。中间反映出省内外画友们相互请益，当场挥笔，交流经验的各种动态。通过这样的经营合作，将为贵州山水画开辟一个新的历史纪元。

既然用笔表现贵州风光是以画山为主，那么，入手时就必须随时随处从"山"着想，不应当离题太远。仅就技法和形式方面，笔者认为有必要考虑到：

第一，勾勒。除了不宜用十分露骨的轮廓刻划外，似乎可以采用相传为梁代画家张僧繇所创的没骨山水作法，据记载：

> 山水于缣素（当然也可以用宣纸）上，以青绿重色，先图峰峦泉石，而后染出丘壑巉岩，不以笔墨勾勒，谓之"没骨皴"（其实多是涂染而不是皴），为后世青绿山水之先范。"

这种画迹，传世的有宋人仿本。从影印本中可窥见它的真面。后代画作中用花青、赭石晕染远山，就是这种技法的"偶现"。它在一定范畴内和油画、水彩有互通之处，大可以引为借鉴。这种大色深染的特点，或多或少地可能有助于贵州写山。

第二，皴点。贵州山往往是"斧劈""披麻"兼而有之。"云头皴"也不时发现。重笔"折带"还可取，轻"折带"如元代倪瓒的清微淡远，只适合江南，不能施之于贵州群山。这已经是画界熟知的旧闻了。所谓技法，在排除芥子园形式主义之外，四王一派精巧熟练的多种皴擦，也未尝不可以选择使用，而不是一无足取。结合到贵州，对于明清之际的革新派的山水画家如石涛的奔纵沉郁，力破陈规；石溪的层叠幽深，结构精严；龚贤的苍润墨法和陡壑密林的构图，笔者认为，正在前进的贵州山水画的历程中，似乎可以从这几位前代作家的画里，吸取一些营养。当然，对于他们画作中存在的封建糟粕，也应该批判。至于"点法"，更不能被庸俗的画谱所限，要学石涛那样风晴雨雪、阴阳反违、夹水夹墨的变化多端，可供我们灵活运用。他那种大胆泼辣的手法，开拓了我们的心眼。可以说，贵州山水画是白手成家，平地"闯"出来的，正需要这种雄心壮胆。

第三，幅面。贵州崇山峻岭，在画师笔下只宜于高纵、深雄的布局，而不适于横展、平铺的画面。如果采用前代习见的《长江万里图》《溪山无尽图》或者富春山之类的长卷，再用上鱼鳞纹样线织的"画水"方法，必然是和贵州山水格格不入，背道而驰的。怎样才能从画中认出黔山真面呢？笔者认为，只有善用高大堂幅或较长条幅（不一定用瘦长的琴条），也可以酌取方幅，略用一点短横幅。这样，才能使形式内容比较谐和，才能让画师们的艺术手腕和魄力，在仰观和俯视的幅度内施展出来，将娄山、梵净山等处的云树烟岚，层峦叠嶂纳入千秋不朽的图景之内。

以上所说，不过是老生常谈。随着揭批"四人帮"的革命运动的深入，各条战线上凯歌频传，早改变了万马齐喑的局面。国画也和其他艺术科目一样，过去不敢谈也生怕触及的问题——批评继承是其中之一，现在都可以敞开思想，畅所欲言了。近来常想到，国画作者在直接师承现代画家李可染、钱松喦、黄宾虹等各位先生优秀画法传统的基础上，并间接地追溯到石涛、石溪等先行者的遥远踪迹，各有不同程度的收获，获得了日新月异的发展。贵州也是这样。但是，革新方面的努力有余，而继承问题，似乎在创作和批评的领域内，还没有得到尽情的发挥。我们读画者有这方面的诚恳要求。这也就是笔者草拟此篇所寄予的一点希望。

重新温习"苍山如海"这一诗题画句，细读毛主席关于读诗的精辟理论，领悟到，"苍山"是诗的起"兴"，"如海"是画境的贴切"比喻"。这是总述贵州山景的根本依据。也是以写山为主题的国画创作中，运用"形象思维"以攀登艺术高峰而得到的重要启示。

（《贵州美术通讯》1978 年第 1 期）

茅台春
——地方风物杂记

　　茅台酒，是一种优美、醇郁的贵州特产名酒。在它的成长过程中，蕴藏着一段阶级矛盾历史。这段历史的开头，又是和贵州人民的食盐问题分不开的。一百多年以前，在一些诗篇和诗文里，常常把茅台酒和川盐相提并论：

　　　　家惟储酒卖，船只载盐多。

　　　　酒冠黔人国，盐登赤虺河（即赤水河）。

　　前两句摘自清代陈熙晋①的《茅台村》，这首诗作于清道光二十年，即鸦片战争的1840年。后两句出于著名学者、诗人遵义郑子尹同一题材的诗篇，道光二十三年（即1843年）作，这两句诗后来成为叙事简练、咏物贴切的名句。最近读了《光明日报》上林辰同志的《贵州的盐及其他》，一方面想起了上面征引的那些诗句，另一方面使我很自然地追溯到我省的酒和盐的历史。这段杂记虽以茅酒为主，但为了说明它们的关系，就得先从川盐说起。茅台村开始形成川盐贩运比较集中的口岸，约在1736—1750年，即清代乾隆初年。② 由于茅台村地形便于水陆转运，便成了盐商们常年聚集之所。郑子尹《吴公岭》

---

① 陈熙晋，浙江人，当时任仁怀厅同知，修仁怀志，著有《骆宾王诗注》。
② 见《仁怀厅志》卷四"盐政"。

诗中有"蜀盐走贵州，秦商聚茅台"之句①。这说明了商人们是来自遥远的陕西，经营的却是中途贩运的川盐。郑子尹在诗中慨叹理想中夏商周三代利归平民的盐井法早已废坠，他一面强烈谴责富商大贾垄断盐业，图取暴利，过着衣裳锦绣，指挥奴仆的奢侈生活；一面深切同情十分之九的劳动者，无田可种，有了气力也得不到使用，最后竟以僵死"裸埋"结局。他还故作讽刺性的反面语：试想如果没有吴公岭的天险，没有背驮川盐这项苦役，能向谁去乞求一文钱，来养活广大劳动者的一家老小呢？这首诗具体地揭露了阶级剥削的残酷性（原诗较长，从略）。不仅这样，在盐商和官吏的勾结下，贵州人民常有淡食之忧。解放前，贵州农村用盐块溶水略尝咸味那种"化化盐"的情况，历历犹在心目。连士大夫阶级的王阳明谪居我省的时候，都发出过"食无盐"的叹息，郑子尹本人也亲尝过"断盐"的痛苦。虽然清末采用了四川总督丁宝桢的盐法，在运销上灵活、及时了一些，但剥削本质仍然相同，不过是将陕西帮商人占据的盐业地盘转移到贵州帮手里罢了。

盐商们拥有大量财富之后，为了满足享受欲和谋取本行业外的更多利润，又把他们贪得无厌的巨爪伸到酒业方面。据说在陕西帮的手上，就开设了较大作坊，凭借酿造工人带来的外地经验与本地传统方法相结合，制出了后来比较定型的茅台酒。这对酿酒事业和产品质量的提高，在客观上也相对地起到了一些促进作用。但是盐商们只顾牟利，并不为酒的生产发展着想，如采办原料，只图减少运费，便竭力搜刮当地的高粱和麦子，以致每年"所费山粮不下二万石。青黄不接之时，米价昂贵，民困予食"。② 加上运盐时对劳动人民血汗的榨取，剥削得是相当深重的。通过酒和盐的关系我们可以看出当时的阶级矛盾。

---

① 见郑珍著《巢经巢诗集》六。
② 见《遵义府志》"物产"部分。

茅台酒还有一段复杂的艰苦的生产斗争史。早在一百一二十年以前，它就以"茅台春"和"茅台烧春"这样的美妙名称出现了。当时吴振棫在《黔语》一书中写道："寻堂沽贳，皆烧春也。茅台村隶仁怀县，滨河，土人善酿，名茅台春，极清冽。"陈熙晋又在所作《櫂歌》艳句诗中称颂过"茅台村酒合江柑"，自注说"茅台烧春最香冽"。可见茅台村本地人多年来就以会做好酒著称，在这方面早具有精深高明的酿造技术，茅酒不是依靠盐商资本培植才生根发芽的。仁怀酿酒不止烧春一种，另外还有"咂酒"①：

　　浅深筒吸酒，厚薄箬包盐。

此诗见于陈熙晋仁怀《咏风俗》诗，自注又说："俗尚咂酒，以竹管吸之。"这种酒是连糟带酒贮放在坛子里，贵州其他地区也有出产。吃法是用管状长条，如细竹子、细藤子或芦苇茎等插入坛底，就坛口吸饮。特点是：一面吸一面添热水，尽一碗添一碗，添无数回直到酒味尽时为止。这和茅酒再烤再酿，由一回二回到八回的"回沙"道理，可能有互相发明和影响之处。仁怀又有一种"窖酒"，它的酿造特点和茅台酒更相类似，那就是全靠地窖埋藏，让酒沙（糟）或纯酒增加发酵功用和减轻烈性刺激，使酒味益更香醇。茅台酒不但从原有"烧春"的根柢上获得了当地各种酿酒方法的助益，而且从外省特别是从安徽省接受来了凤阳酒的宝贵经验，丰富了自己，终于成为一种具有独特风格的贵州"回沙茅酒"。

茅台酒比较大量地生产，因此远近闻名，约在清代咸丰至光绪年间。道光末年，据记载，当地经营酒业的是"不下二十家"，不过规模都不很大。由于杨龙喜等所属黄白号起义军、石达开等部太平军对清朝官兵和地主团练武装进行反抗，在长期军事影响下，茅酒生产曾一时陷于停顿。但是，酒的酿造技术始终被劳动人民坚牢地掌握着，

① 酒、警酒均见《仁怀厅志》。

使得这一优秀传统并未中断，一直保存下来。说到它的传统悠久，更令人联想到远在八百多年前的北宋末叶。那时贵州地区出产过一种"牂牁酒"。祖国著名诗人宋代黄山谷，在今广西宜山的"宜州"就高兴地得到这种酒[①]。他和朋友范信中等一道，两个月夜，饮了三壶，称赞为"殊可饮"的好酒。其具体时间是 1105 年，即宋崇宁四年。这一年，恰好是杨晟免等"牂牁夜郎首领"内附宋朝的一年。"牂牁酒"就在这种民族融合的特定历史条件下，经过诗人的尝试而崭然露出了头角。虽然北宋的牂牁，主要指的是今黎平、榕江一带，距离茅台酒的产地仁怀是一南一北，又相隔宋元明三朝那样漫长的时间，说起来好像扯得太远了，可是历史是不能割断的，事物也不是孤立的，何况同样是贵州地区的产酒，不论"茅台春"也好，"牂牁酒"等等也好，它们之间有着直、间接或多或少的传统关系，这是无法否认的。

在反动统治时期，茅酒经营也和其他资本主义企业一样，只有走向没落的道路。清末光绪年间，尽管在巴拿马赛会上得过世界名酒的奖章，所起的作用也不过是为酒商作一番宣传，对生产发展并无裨益。当地方军阀统治时期，所有产品几乎全被低价包购，作为馈赠外省军阀的唯一礼物。特别是在国民党反动统治下，所遭受的束缚摧残更加严重，被征收的捐税竟达百分之百的高额。同时更受到帝国主义经济掠夺的影响，酒商们虽在上海、香港、重庆等地设立销庄，但经不起舶来洋酒大量倾销的冲击，最后出路也因之阻塞断绝了。贵州解放后，茅台酒生产在党和政府的关怀扶植下，已走上社会主义企业日益发展的道路。茅台村设立了规模宏大的"贵州酒厂"，不仅许多工人和技术人员来自各方，荟集众长，而且原料也得到远方产地的支援。茅台酒算是真正翻身了。在全国分销下，它已不是资产阶级少数人的沉湎物，而是和广大劳动人民所共同享有了；同

---

① 见黄庭坚（山谷）《宜州家乘》。

时还登上招待友邦贵宾的国宴，出现在日内瓦、万隆等外交酒会中，对增进国际友谊作出了贡献。资源丰富的贵州，今天已成为十年生聚的天府之区，从食困变为丰饶，由落后成为先进，仅从"茅台春"这类地方风物的题材范围里，我们就可以抒写出今昔对比"换了人间"的很多感受。

（《山花》1961 年第 10 期）

徐悲鸿先生在贵阳

抗日战争期间，徐悲鸿先生来贵阳先后凡三次：首次是在香港举办赈济战区难民的画展之后，取道长沙、桂林将返重庆中央大学任教，中途经过贵阳，时间在 1937 年冬天；其次是由昆明、保山举办捐赈画展，攀登鸡足山写景归来，于 1942 年秋冬到贵阳小住；后一次是 1943—1944 年的冬春之交，由桂林而贵阳，转徙西南，仍回重庆。

记得先生第一次来到贵阳，留住时间颇为短暂。我恰在病中，不能与先生见面，仅闻在原中山公园门前的省民众教育馆（今中山西路市委大楼附近），举行过较小型的个展。当时与本地人士往还甚少，据知，只有张鹤龄笔店曾以贵州特产的"双管玉屏名箫"相赠，先生画《柳枝独鹊》立幅为报，题款有是年十月"薄游贵阳"之语。因为没有安砚设席的地方和余暇，所以这时的画作也寥寥无几。

第二次是举办包括素描、油画、国画等画种，有人物（兼肖像）、山水、花鸟及骏马等内容的一个较大型的展览。地点在市中心大十字南头的大兴寺佛殿内。这时贵阳遭受过日机的"二四"大轰炸[①]，时阅三年，市面建筑尚未恢复。在这疮痍满目，同仇敌忾的情景中，先生暂憩山城，旅居在今中华中路（新华书店门市部附近）一家商营餐馆的临街平房里面。人行道就在窗外，车尘飞扬，市声嚣杂，先生却

---

① 大兴寺创建于明代，为"僧纲司"和尚官所住，其后已改成机关房屋，但仍保持旧殿面貌。这次轰炸后殿堂幸存，但贵阳遭受惨重损失。被炸时间是 1939 年 2 月 4 日，故名。

能静处人海波涛之中，不为所动，昼夜研读，作画如恒（不久即迁居他处）。

我在展览场中和先生初次会面，承谦抑相待，作片霎的亲切握谈。我见先生风神高洁，平易近人，温淳中不掩清刚之气。这时天气晴寒，先生以绒长袍当作秋大衣，衣领不扣，仪度格外潇洒。在寂寞山城里，一旦能够瞻仰这位中外同钦的艺术大宗师，我的幸慰可知！此后，我和朋友们便时常当面尊称先生为"大师"，先生亦莞然接受。这次展出后，先生即没有再举行个展，而是应有关方面之请，以少数作品参与过关良、倪贻德等先生在贵阳的几次联展。

当我初次谒见先生时，见他案头的画砚较小。虽取其轻便易带，宜于长途旅游，但究非挥运大笔，抒写巨幅之所宜。因建议更换一件较为适用的，并愿就我和朋友所藏的端砚中选择其一，以奉案右。先生深以为然，也感到抗战后方得砚之不易。恰巧这年中秋节，我在公园北路的骨董店内，无意中买到一件仿宋代式样制作的"风字砚"（今考古学界称为"箕形砚"）①，其底部仅有两圆足，形制古朴，无纹饰及合盖。随即特以相赠。先生入手一观，即表示嘉许，欣然见纳，并一同判断此砚至少是明代的遗制。尔后便成先生身边的得力工具之一。

我当时还写了一首《以风字砚赠悲鸿先生，并索画梅》的七言长诗，刊于《贵州日报》。一开头我例说："风字微凹墨花渍，遗制当年天水碧②。南行可以质先生，只此韩陵一片石。"引用了梁朝庾信看见《韩陵山寺碑》，认为只有这一片残石，聊"堪共语"的典故，以隐喻先生高标劲节，特立独行，绝不肯随俗转移，人云亦云。这端砚就是我初向先生表达佩意的"赞敬礼"。正是如此，先生不是把砚台当

---

① 据文献，为宋代天成殿所制的砚式。此砚长近一市尺，宽约六寸，砚池较深。色泽灰赭，为明代或较早的端州老坑。

② 这是诗文中对南宋的代称。因宋王室赵姓属于天水郡。

作骨董玩好，而是当作"石友"看待的。犹记"试砚"之时，我立观在旁，先生怡然地边画边说："宜墨，又能聚墨。……我将特地为你画一幅寒梅。……我是不多画梅花的。这又是开戒。"接着我便拜领了这幅精品（容后再述）。

一个冬初的下午，先生应邀来到了城东我的住处。这是一所窗棂半朽，与竹树为邻的百年老屋。在当时三十来万人口的城郊中，这里环境还比较清静。我为"逃警报"移居这里，只有五年。先生见满屋皆书，认为很适合做学问。我案头原备有自用的笔墨颜色，并不是为先生而设，更不忍借这个难得畅叙机会，勉强求画。但不料却引起了先生一时的挥毫"即兴"，欣然试用它们写成《猫竹》《柳鹊》等几件小品随笔，分赠在座友人。那一晚灯明如洗，我们围坐先生左右，面前展现出一尊目光坚定、神貌清晰的可爱的造像，给人以深刻的印象。记得他略尝了贵州茅酒、刺梨酒，只不过各半杯便颊上微红，畅吐襟怀。他谈到了海外展画和南京教学的生活；谈到了阳朔山水和战时"文化城"桂林……；也谈到了黔灵山的松亭及红豆树，知道此山被反动机关所占用，以不得登览为恨！尤其是谈到重庆，先生对国民党反动官僚，包括贵州籍的某些显宦在内，表示非常反感。静聆了这一席话，进一层体认到先生疾恶如仇，光明磊落的高峻风格。我循环往复地冥想这次嘉会，真像昨天那样，历历在目。先生当时年四十八岁。现在执笔追写时，我不觉已经是七十岁的人了。岁月是多么的飞迅！

在旧社会那冠盖如云的尘壤中，先生鄙弃官场的虚伪应酬。但对退居林泉的爱国人士如杨德淳（贵州天柱人，前省人委参事室参事）却青眼相加，颇有好感。谈到他们在庐山相识，在重庆重聚的前后经过。称许杨是贵州人中一人难得的故交。从杨的口中也知道了我的名字，并在当日"贵州文献馆"的书刊上，了解到我是从事笔墨生涯的，不以我这个职俸卑微的一员"书佐"而漠然见弃。因赠砚及见访这两件事，与先生建立了艺苑交游中难忘的一段关系。

这次留筑时间较长，画作也较多，只要是真心诚意求画的，在时间精力的许可下，大都慨然应允。因之朋辈中也宝藏不少，据所知不下五十幅，解放后多由北京购去。尚有《鱼鹰图》等数件，留在贵阳保存。

上述笔墨关系，同样是根源于爱国群众之中的道义关系。众所周知，先生在旅游祖国西南的前后，曾在欧洲、东南亚的许多名城，迭次举行画展。总计抗战时期这项售画的收入达十余万美元之巨。先生不但将全部作为赈济的捐献，而且有的运费还由自理，如新加坡的那次。这种公而忘私的精神，感召了广大人群，更感召了我。缅想先生来往洲洋之际，真做到以"四海为家"的旷观境地，但同时也禁受过一段"无家"的伶俜岁月。十年过去，直到和廖静文同志结婚之后，才得以安享幸福的家庭生活。

碑帖　纸笔　鉴藏

我的生涯总离不开临碑读帖，与书道早结下了不解之缘。这也正是先生作画之余，朝夕不忘，最为契合的一门艺学。犹如"奇文共赏"那样，每一谈到书法时，先生便逸兴遄飞。有一次向我谈到结识康有为的经过：当先生十八九岁正在上海半工半读之时，曾借住在一家工厂里，兼为它作一些美术设计。某天，康有为偕同厂商老人（忘其名）经过先生的住屋外边，突然发现玻璃窗上糊有先生的字迹，停步谛观，称为好字。便问厂商"这是谁写的"？答以先生的姓名和年龄，康更大为惊异。又问"现住那里"？——谁知只一纸之隔，近在咫尺，即时从屋内请出先生。彼此在窗外立谈一晌，对先生表示了激勉和心倾。这次晤谈后，先生便时常向康借碑学书。但我记得先生并不承认他自己是学"康体"，而是在耳濡目染的亲身接触时，不能不受到他很多的影响。于中当然是有同有异。譬如：康强力运腕，惯用逆锋裹毫，使转回旋中显出渴墨涩笔，其结体有圆转而无方折。先生虽然取逆势入笔，但逆中有顺，而以笔笔中锋为主，故能独往独来，纵其所之，有逾出常格，自然天成的"真率"之趣。加之方圆并用，颇能指挥如意。先生遍观前人笔墨，由博返约，特别赏识清代伊秉绶的行书，引以为善用中锋的借鉴。而最根本的是取则于北魏《石门铭》《慈香慧造像》及《郑道昭云峰山刻石》等墨本。这种喜好摩岩、题壁，平视作书的手法，在端整中又时时以欹斜、萧散取胜，或者就是先生书作的最大特征（这可能与油画操作法有一定的关系）。尽管先生在自己的书作后，常常谦虚地钤上"非曰能之"的白文方印①，而实际上与画一样，都是"出色当行"。因此有人给予"以画作书"的评价，说明先生能融会贯通，在临池方面也留下了不朽的业绩。

先生生当"碑学"盛行之时，"帖学"似乎一度沦落。及至抗战前夕，在马叔平（名衡，前故宫博物院院长）、沈尹默、徐森玉诸先生的倡率下，帖学可谓渐趋复兴。先生并不受康氏"抑帖扬碑"说之所局限，与上列诸先生同愿，奋力于晋、唐诸名帖的学习。特别是对《淳化阁帖》第六至第十卷的二王（羲之、献之）书作部分下功最勤。此帖的墨拓甘肃摹刻本、影印乾隆钦定本，还有其他真迹影本，均被先生随带身边，临写不倦，而且常置枕畔，更便于临睡前披阅领会。真所谓"寝馈其中"，"孜孜不倦"。惜临写者流传不多，仅知有所临的王羲之《不审帖》及《频有哀祸帖》等二件。前者帖中有一"恐"字，临写时只是行笔略偏，先生便自注"恐字误笔可笑"六字于后，可见对自己要求的严格，真做到了一丝不苟，虽一笔之差，也不肯轻易放过，一发现即认真地加注纠正。

追溯先生所受的书法影响及其历程，我斗胆地加以概括，似可得出如下公式：（从）康有为——伊秉绶——（到）《石门铭》——《阁帖》二王部分。当然，更有触类旁通，发挥新意之处，不在此限。

由于抗战后方难得佳纸佳笔，先生每得一支好羊毫，或者狼毫、紫毫、兼毫，都异常高兴，珍视。他作书画诸毫兼用，仿佛"量才器

---

① 印为当时中央大学文学系主任乔曾劬（大壮）给先生刻的仿秦古玺。

使，知人善任"。如画马的鬃、尾多用纯羊毫对笔，画人物细折衣纹和杨柳轻丝用紫、狼毫等中号长颖笔，画竹乃创用羊毫排笔。而书法方面，则喜用披羊紫、狼毫屏联笔，也常用长锋羊毫，取其经用而有回力。这些都是在当时贵阳我所亲睹的。为了适应客观情况，有时也随地而异，不太拘泥。"善书（画）者不择笔"的说法，可以从先生的翰墨生活中得到一定的印证。

书画用纸在当时也同样难得，宣纸真是同"玉版"一般的贵重了。在"不得已而求其次"的条件下，除了采用过云南的观音画纸（绵纸类）外，先生偶然使用"都匀纸"① 尝试作画，出乎预料地发现它不但适于重笔的挥洒晕染，而且受墨苍润沉着，能够获得宣纸绘画所不能获得的卓异效果。用来画马，也容易得心应手。经过先生这一品题，真是一时"纸贵洛（贵）阳"。惜原幅不过二尺有余，画来不免有"纸短情长"之憾。为此，由当时朋辈与都匀手工作坊联系，为先生特制放大幅面约三尺长的国画皮纸，源源不断地送来供应。不论过去、现在，以至将来，这个佳纸品种，也会被从事国画的朋友们所继续乐于采用。今天提到"都匀纸"，大家定然忘不了先生在贵州这桩选拔文房四宝之一的珍闻轶事。

当《八十七神仙卷》由香港经粤、桂即将来黔之时，先生曾在贵阳寓斋中为之苦思深虑，朝夕渴盼着护运人的音讯到来。这一"绝代销魂"的古人物画"剧迹"，终于无恙地回到了先生的身畔，并安全由筑转渝。当时先生赞画、念画的声音，至今尚萦回耳际。从卷后的画跋上，更可以窥见先生在鉴定、收藏方面，独具慧观，论断十分精审而又大胆。当时我曾经介绍贵阳几个藏家，将所珍袭的前代书画多件，请先生作"去伪存真"的鉴定②。其中所见，除石涛、石溪的写

① 我省都匀生产的手工制皮纸，属于白绵纸一类。
② 以贵阳罗纯武（故工学院教授）家香草园、昆明高荫槐（故云南省政协委员，当时在贵阳）百担斋（指收藏百件担当和尚的画）及我的部分藏品，最受称许。

意，高凤翰的左笔，高其佩的指画诸品外，都少所许可。看画时一再提到：凡脍炙人口的作家，名头大，伪品多，如果赶这个"热门"，定会大上骨董鬼的当。不如选择"冷坑"——画好而名微或无名作者的作品；尤其是那不为人知，不见著录，无收藏款识，一旦出现即光芒四射的画作——"生坑"。如《八十七神仙卷》，即属于后一类。

说到为前人书画题识，在无法峻拒，勉循他人之请的情况下，先生也间或破例，随缘着墨，但下笔则很有分寸。以一件小事为例：1937 年秋，先生经过都匀，留宿一晚，就曾为一个好藏古画流寓当地的远客，题过明初王绂（孟端）的山水画，大意谓：不意边荒睹此，亦颇难得云云。我未见此画，估计必然可疑，所以先生对它的真伪好坏，只字不提。于此可见，即使对任何一件画作的鉴别，题上寥寥数语也十分严谨，从不肯以片言轻易假人。至今传播在朋侪口中，无不认为值得学习。

对前代作品，应先识其真，再求其精，有时还得求"新"（指原件的完整）。从这个要求出发，先生在大力搜求清末任伯年绘画的同时，曾在长沙市的某个商家，物色到一堂伊秉绶的隶书大屏①。住贵阳时和我谈及，力言此屏的气象恢宏，推为作者的生平极品，当时曾委托友人谢梅奴君（名篆刻家，现在长沙）等，必须多方罗致，期能到手。岂知对方难于割爱，屡经商酌，几乎事与愿违。直到先生逝世后，才由北京托人设法取去，可能已归先生的纪念馆。获得一件真迹如此之周折费时，真乃谈何容易。名家名迹浩如烟海，缩小范围来说，先生特别赞赏任伯年画的内容丰富，工力厚实；伊墨卿书的结构刚方，行笔犀利。这是由于性情识力之所近，并非偏爱。对近三百年来的书画作品，先生正是以这种"鉴藏"标准作为重要的依据。能鉴定者未必工于笔墨，能笔墨者不尽关心鉴定。像先生这样两者兼擅，近代艺林能有几人?!

---

① 后来据悉为长沙开设"四怡堂"中药铺的李寿增所藏，全堂字是八幅，相当完整。

难忘的教益　画室中的盛纪

1943 年的秋间，日本军国主义在太平洋和中国战场上连遭挫败之际，悲鸿先生喜见国运好转，怀着舒展的心情，第三次经过贵阳。这次是偕廖静文夫人同来的。寓居地点名茴香坡（今科学路消防大楼附近），位于贵阳的偏东南，距闹市中心不远。这座庭院有梧桐两树，遮荫着一间大厅。后接短廊，走上高出一层的石台，有房屋三间，右间为先生的居室。当时的银行公会借此地为会址①，但资本家只把它当作点缀品，不甚重视。因而设备简单，不像一般银行房屋的豪华，所以先生愿意借住在此。

恰好这年十月，贵州艺术馆成立②。有几位艺术界的同志和我参加筹备工作，业已开馆。我便亲自往约并陪同先生来到馆中，请给予指教。先生看到旧游之地又素称落后的贵州，竟然有这种场所，感到格外高兴。那时抗战后方的成都、重庆、长沙、昆明等城市，都设有从事艺术活动的专业机构。举办艺术馆的只有桂林一处。从贵州来说，尚无成规可循，全凭摸索。先生了解到这种情况，就要我们向欧阳予倩先生——桂林艺术馆的当事人，去函请教。当时他剀切地说："艺术事业是不好办的。如果按照重庆的那一套搞法，除了摧残艺术以外，还能做什么！那样做，有正义感，有自尊心的朋友们③是不会'挨边'的，更得不到他们扶持。桂林的文化艺术活动比较活跃，文化人都喜欢聚集在那里。可以多向桂林方面去找办法。"当时我们正向桂林联系，刚得到复函，附有全部规章办法，正准备如何借鉴和运用。经先生这一提，为我们进一步指出了工作的方向。他还感到这里的展览说明小册"封建色彩浓重"，劝告今后应该"大众化"。而当

---

① 这里原是清代粮道衙署的废园，后归贵阳地方"公有"，故该公会得以借用。
② 该馆原拟作"民办"性质，成立时始改为"省立"，属伪教育。
③ 指文化界进步人士。

时的文物展品，几乎全是向社会上的"藏家"借来暂时陈列，约期归还的。我向先生谈到这个问题，他认为"这是空架子，非长远之计。要极力做好征集的工作，积蓄丰富藏品。……"。他这次谈话，给我们很大裨益，也足见他对贵州文物的关怀。

由于艺术馆所在地，转一条街即到茴香坡，近在咫尺，往返容易，为我和先生的晤谈，提供了便利条件。因此，往往在上午的下班以前，便接到许耀卿（当时银行公会秘书，浙江义乌人）的电话，约我到那里陪先生同进午餐。谈话中触及的面很广，包括时局、贵州地方历史乃至有风趣的故事在内。自从1942年起，先生两次到贵阳都寓居这里，我和先生先后接触较多，也在这里。

先生在寓所中，照例是每晨八时来到作为临时画室的前厅，展开纸幅，立案前作画，经常历二三小时，对客挥毫，凝思入神而无倦容。有时在中间休息一瞬，又重新着笔，所以作画时间常把整个半天占去。那时大多是为了募集学校的助学金，对战区灾区的兵民进行救济，等等，其次才是为知朋好友的殷勤嘱画而命笔。所作的完全是国画。因其在作品上的自我要求严格，一般索画者虽然很多，但也从不轻于然诺，给予草率塞责的作品。即令是信手拈来，着墨无多的小幅，也每景每物，不尽雷同。常常有人托我向先生索画，我大都婉言拒绝，恐怕增加他的负担，他也知道我在这个问题上很有分寸，当言则言，所以颇能见信。写到这里，又令我回想到在这间秋桐摇落，炭盆不暖的厅房内，先生作画的昔年情景。

就是这个厅房内，还留下三十年前的一个宝贵纪念：同年秋天，与先生素交的贵阳艺术、教育、企业界的朋友约七十人，征得先生同意，以简朴无华的聚餐方式，为先生与廖静文夫人的偕临贵阳，表示祝愿。这天傍晚，参加者洋溢着喜悦的心情，相约入席。先生俩坐在中间一席，有高荫槐（书画收藏家，已故），闵之笃（有名老医师）、许耀卿及我等相陪。座上一同起立举杯，由许君代为致辞祝贺。先生亦答辞致谢。

当晚客散之后，曾留下平常接近的几位朋友聚坐了一会。先生对这一次的贵阳嘉会，表现出平时少见的高兴。他当时从行李箱内取出画作三幅，分赠给许君和我等。随即取砚调墨，题好上下款并系年月，钤上印章，郑重地亲手递给我们。我得到的是一幅用都匀皮纸所绘的单骑《奔马》，笔墨酣畅，气魄沉雄，当列入先生平时画马的佳作之内。它确能展现出杜甫诗句中"所向无空阔，真堪托死生"的崇高意境和壮阔天地。与先生独创的"写意"画马手法一样，超越出过去侧重傅色填彩，工笔勾勒的范围，突破韩幹以来陈陈相因的那套传统技法。他只以凝练、简劲的用笔如"横扫千军"，一气呵成。我真想为之命名为《秋原神骏》。记得他赠画时的殷殷相嘱："今夜的聚会，烦劳了你们。因此特地拣出这几幅画赠送，自问还是称心的作品，向你们表示谢意，就此作为留别的纪念吧！"这时抗战胜利在望，原想重见有期，不料先生后来远在北京，我寓居东南，中间仅相互通函一次，终不得重见一面，能不令人惋叹！

那次聚会的第二天凌晨，先生曾偕同夫人，沿贵阳城郊散步。在"虹桥风景似江南"的南明河边，留下了他们旅黔的行迹。在此以前。先生曾应友人之约到过花溪游览。他认为那里虽名为公园，但仍然保留有一大片稻田、菜圃，不失农村原貌，对之甚为欣赏。并在花溪镇"济番桥"边的"民乐春"菜馆，吃过当地名产的"活水鲜鱼"。当日我未同游，这是先生事后告诉我的。他还说："花溪许多楼阁的名称和对联。都落入俗套，不甚高明，损害自然风景。最好取消，更换。"客观环境的巨大变化，果如先生对我所言，花溪园林扫尽了残痕旧迹，换成锦绣新装了。

性格鲜明、寄托遥深的人物画

在先生的各种画作中，人物画的选题内容，最能把祖国古先史迹的有益部分与时代精神紧密地结合在一起。它们不但在社会生产和生活中，随时可供借鉴，引为楷模；而且当民族存亡的紧急关头，对于激发抗敌斗志，更向前迈进，以争取全国人民的解放胜利，都能起到一定的教育鼓舞作用。尤其是能把西洋的画理和技法，与中国前代的白描、彩墨人物画的优秀传统互相结合起来，创辟了千余年来所未有的新境界，焕耀出东方艺术的新色彩。之所以成为现实主义的艺术典范者，其主要原因在此。综述先生的生平画作，也应当以人物画的成就为最大。因此，朋友中传说，先生自评画作有云："植物不如动物，动物不如人物。"这是极有分寸的甘苦自知之言。我亦有此同感。

名震当世，众口皆碑，又曾受贵阳人士所瞻仰的巨型作品，如油画《傒我后》《田横五百士》，国画《九方皋》《愚公移山》等，就是上述善于运用历史题材的显著例证。我除了一再畅观这些钜制的原迹之外，还曾在贵阳公私藏家见到他所作的若干幅国画人物。可以说，前者是宏伟的群体造像，而后者则是突出个性的独立塑型人物。

我只举这两个例子：

《钟馗》① 影响较广，人们也较熟悉的是先生所作的那一幅"坐相"钟馗。这幅钟馗是靠侧边踞坐，一小鬼跪在他的膝前，手捧"承盘"，上盛斗酒。钟馗安然不动，似在沉思中，大有酒浇胸中块垒，气吐人间不平的意味（见于先生的国画影印本）。另一幅是"立相"钟馗。他位于画作中心，背面朝外，腰悬长剑，立叉负手，一手持空杯而立，似乎畅饮之后却无醉意。全幅绘画精神，都聚集在转头回顾，现出半边颜面，圆睁一目的这个部分，看上去好像怒气冲冲、尚有余波未息。这等于将"横眉冷对千夫指"的文学语言用艺术形象深刻传出，完全符合诗句中针对当时黑暗社会进行强烈抨击的客观真实。右方立一小鬼，双手托盘，顶在头上，盘中有长颈酒壶。小鬼只有墨笔勾写的轮廓，未及施色，估计是先生的未完稿。我总觉得这一幅胜过前幅"坐相"。所画钟馗全身，从头到尾，无一懈笔，最能突出他那正气凛然，不可侵犯的人物性格。所有服装形貌，在先生画

---

① 钟馗作为人名，较早见于《北史》的"钟葵"。据明代《杨慎外集》，似乎晋、宋人已有记载。唐代也早有钟馗之名，但所谓开元进士，并无其人其事。

来，也是处处有根有据的。他事前参考了各种有关文献，曾采取宋郭若虚《图画见闻志》中吴道子作的钟馗情态入画，即其一例。只要你谈及这些杂记，他都知之甚熟。所以，从驾驭学术资料的这上面看，先生的钟馗画比较任伯年的似应略高一筹。如任画的《斩狐图》，袍袖掀扬，拔剑出鞘，脚踏狐首作腾跃状，我称之为"武钟馗"，是画"外在"；先生则画"或坐或立"的形象，神气非常威重。那炯炯有光的眸子，真足以夺鬼魄，寒敌胆，是画"内在"。我认为这种"文钟馗"的画法，正应看成是先生内心世界的自我写照。

《赵姬》我曾在贵阳见有此幅，署款为 1944 年，"悲鸿第二次写之嘉陵江上磐溪中国美术学院"，标题为"赵姬、程婴、（公孙）杵臼故事"，而画面上则仅只出现赵姬一人。他紧抱着孤儿赵武，一种"茕茕子立"，无所依归的苦难境遇，透过双眉紧锁的泪颜诉说出来。这是根据《史记·赵世家》的一个段落，权奸屠岸贾迫害世代忠良赵家的生动故事而进行创作的。主题构思是，正直与邪恶搏斗的结果——邪不胜正。但是，仍不免在苦难的历程中，发生过一段母子之间的生离死别。当抗战时期，遭受这种命运的母子又何止千千万万！通过这一古代人物画，等于验证了那无数的悲惨史实。而在"四人帮"横行的日子里，许多立下汗马功劳，代表正义的人物及亲属，不也是遭到同样的厄运吗！这类生动史迹不也是像昨日之事，记忆犹新吗？联系到钟馗画来看，充分说明先生的人物画不仅在历史纪传上具有旗帜鲜明的战斗性，而且在典型人物塑造的艺术构思方面也寓有耐人寻绎的哲理性。

在历史人物画之外，我在贵阳看到过两幅《簪花仕女》的白描，手持纨扇，颜貌颀长，似为先生另一幅"落花人独立，微雨燕双飞"彩墨画的底本。我还看到墨本的《大士像》，完全摆脱了传世吴道子本的那种窠臼，与《八十七神仙卷》一脉相承。这两幅都能自创新风，纯粹以刻划式的优美线条取胜。先生在贵阳时，曾携带有从四川大量收集来的东汉石刻人物画拓本，我都仔细看过。这些平雕阴线刻手法对先生人物画的线条处理，大有助益。

　　先生既对汉画石刻的评价很高，也对唐五代人物画十分称许，所以常常是以"汉唐"相提并论，认为这种健康结实的艺术作品的产生是国家强盛的一种具体反映。至于宋以后，经历明清以至近现代的同一范畴的画作，也择善而从，绝不贬抑。如故宫博物院原藏有宋人作《朱云折槛图》①，先生亦有同一内容的另一件画作的藏本，都称为"吾国古今任何高手"所不易及，宜于取法。这说明先生在人物画的内容形式上有源有本，能取精用宏，推陈出新。

　　　　黄鹂一啭　大地回春

　　这是1944年先生在贵阳时所作的《感事》诗中的用语。那时曾将此诗抄示给我。全诗如下：

　　　　一啭黄鹂息众音，天开明月伴孤星。
　　　　稽颡帝力回春意②，会见平芜入眼青。

　　他从描写眼前的自然景色出发，虽以"孤星"自喻，但有明月相伴，并不感到人世的寂寞。何况，这正当天开曙色，一声黄鹂叫破黑暗氛围的时候，人民革命力量日益壮大发展，作为一个画家或诗人，都不惜掬出血诚，甚至拜伏在地，向天吁请，逆料早晚间必然看到平芜转青，大地回春。我以为，这首《感事》和《徯我后》画面所表现的"若大旱之望云霓"的心愿是交织在一起，密不可分的，与先生所作的《虬松图》③题诗更可以前后互相呼应。不过，那还是在希望，而此刻快要变成现实了。

　　就我的认识，一代艺苑宗师的悲鸿先生，具有诗人的识力、学力和素养，却不肯以诗人自居。或者是谦虚，或者是对那种仅止局限于"吟风弄月"的词章之学，以为不屑为。这种思想也曾反映在一幅画

---

① 朱云，汉时人。此图写他直言谏成帝，几被诛杀，当日将殿外栏干攀折的故事。

② "稽颡"是俯伏在地。"帝力"是人民力量和天意的共同象征。

③《虬松图》题诗："虬枝历与雷霆斗，土脉微扶春气醒。一代淫威谁敢楮？天荒地变独青青。"

梅的题款文字上（从略）。这幅画也正是 1944 年春先生由贵阳返回重庆时所作的。还题有七绝一首：

> 清芬肯与寒窗守，迁客常为兴怨嗟。
> 万古巴山一恨事，月明从不照梅花。

　　不肯枯守寒窗的芬芳花朵，又被严严地关闭着，不能迎着晨曦畅意地开放。此中情味，只要是与先生休戚相关，转徙天涯的朋友——"迁客"，都不能不为之同声嗟叹。他们莫不感到本身与寒梅一样，都面临着艰危的处境。尤其是在那天日昏昏的"雾都"重庆的环境下，纵然是月明之夜，也好像笼罩着一层幕纱那样，月光虽好，总照不到梅花上面，大自然只是一片幽暗。凡是当日亲历其境的都应该承认是那时的巴山风物的写实吧。的确，这正是黎明以前中国社会的象征，也预先揭示出次年先生参加《陪都文化界对时局进言》签名的历史背景。

　　早在两年前，先生第二次寓居贵阳时，曾为我画有《月夜寒梅》的一件精美横幅（已见前述）。花枝较为繁密，在左角空隙处，仅留有容纳一首五言绝句诗的地位。画后信笔题道：

> 含影息空山，岁暮一何速！
> 明月彻夜来，寒光栖素壁。

　　和在重庆的那首相较，月明相同，山居相同，"寒窗""素壁"也约略相同，只是"迁客"情怀却先后不同。后一首读起来觉得很幽咽，似乎不及前一呼的声调清扬，能吐出胸中"恨事"。是梅花的拟人化，是高洁情操的形象化，从这里可以引起我们美妙的艺术想象。在祖国古代的诗人中，我以为先生最倾心的是杜甫。他对杜诗中有关写马和画马的诸作，只要在谈话涉及时，便能随口诵出其中的不少名句。他还多次把杜甫《春日怀李白》中的"白也诗无敌，飘然思不群"两句写成楹联，赠送给友人。当然他也喜爱李白的才思横溢、洒落不群。在他们古典诗歌传统的长期滋养和感染下，先生所具有的对祖国、对人民"每饭不忘"的赤诚，就是从以杜诗为主流的现实主义诗歌海洋中汲取得来的。这反映在抗战前期他的画作"题款"上，每每有写于"危亡之际"等字样，可见他对国运兴衰是多么的关注！所以，他反对那种不问国家大事，只图安逸享乐的人，以《懒猫》相比，嘲笑他们过的是"少小酣嬉惯，安危不动心"的"浑沌"生活。因之，他的诗总是有所为而作，绝对不会"无病呻吟"。本来，他幼年时代，对诗歌就是有相当根柢的。更由于题画的锻炼，也成就了为数不多却精彩动人的短章或散句。他着笔时避熟，避俗，不同凡响。如：

> 遥看群动息，伫立待奔雷。

> ——《题画》二句

> 黄帝东来封于冀①，夭矫万古搏苍溟。
> 千回霹坜不能起，峭然仍立山之阴。

> ——《古柏》

> 天地何时毁？苍然历古今。
> 平生飞动意，对此一沉吟。

> ——《古柏》

这种以凝重、峭拔风骨见胜的章句，在我和先生谈话时，我提到他在这些地方，曾受到过老辈诗家陈三立（别名散原老人，江西义宁人）诗风的影响，他也并未否认。他和散原老人的长子著名金石书画家陈师曾交厚，在北京时有往还，在庐山还借住在陈家"松门"的山居内。故有时随手写出，在遣词用意上不觉与散原有些接近。

有一次，先生在茴香坡寓所中，和我谈起明末清初诗人吴梅村的《画中九友歌》，指出董其昌为首的及所有染上松江派末流气息的画家，写的都是"形式主义"的山水，并无可取。后来四王中的"佼佼者"如王石谷，也只是"有富贵之气，无湖山之气"。相反地，也许是因此

---

① 这是指黄帝子孙的中华民族崛起世界东方，而由黄河以北发展起来的史迹。

引起了先生的另外一些感想的缘故吧，过几天，我到先生处，他刚好新作成一组《画中十友诗》①，将抄好的稿子，即时取出给我看。这十友中，我只记得：以齐白石领头，其次陈半丁，接着便是吴湖帆、张书所、傅抱石、谢稚柳等名画家，其余我已记不清楚。看诗之后，我懂得先生是在于阐扬当代这几位画家的精深造诣和独特风格，为趋向现实主义的国画前途，作激励后学的师资推荐，并非局限于"画友"的私感。他推崇齐白石能师法造化，在动植物的写生方面成就最大，同时赞扬傅抱石的山水不泥古法，有革新的雄厚魄力。其他都作了涵义不同的艺术评价。先生把意图告诉我，并认为这种体裁还有待于斟酌。我看他所采用的是以一首分写一人的七言绝句十首，虽各自独立，却隐然有一种画论脉络贯串其间，可以探索而得。当时谈出我的看法是：这种作法能分能合，较为灵活。前人有许多《论诗绝句》都是如此。当然可以采用。不必像《画中九友歌》专仿杜甫《饮中八仙歌》的七言长诗体式，因结构、声调及换韵的关系，念起来要一鼓作气，不能停息，否则不容易见其所长。我赞佩先生命题为十友"诗"而不用"歌"是名符其实的。此后因先生忙于离筑，未谈及此诗。是否最后"定稿"和写赠诸友，我就不得而知了。只可惜我当时未及抄存，至今连一句也追想不起，或者以为，先生平素既不愿以诗人的尺度来衡量自己，谈论中也少涉及诗的范围，我又何必从这方面回忆，加以着笔，似乎多此一举呢？其实不然，只就他的"题画诗"说，如果没有这种境界，哪能够匠心独运，时有新颖之句？他最尊重祖国诗歌的好传统，——当然也推重外国的好作品。在贵阳，为温习豪放的宋词，曾重读辛弃疾的《稼轩长短句》；为欣赏咏《墨梅》的宋诗，曾浏览过陈与义的绝句。另外，因打算写唐李贺"女娲炼石补天处，石破天惊逗秋雨"的诗意，曾向《列子》一书内，寻找人首蛇身女娲形象的远古资料。在他两次的旅筑期间，

---

① 《画中九友歌》为清初吴伟业所作，见他的《梅村诗集》内，他以《圆圆曲》最为著名。所谓九友，有董其昌、王鉴、李流芳、杨龙友等。

我先后都作为一个资料提供者，将自藏或转借的有关书籍，亲自送去并帮助翻查，以便于他的运用。因此对这几点知道得还比较仔细。

先生与同时的老学者、老画家虽然接近者很多，但也严于择交。他在贵阳时曾访晤了老画家桂百铸（故贵州文史馆副馆长），桂为他画赠某一友人的《六马》题过诗句。他又时常与我谈及老学者兼篆刻家乔曾劬（号大壮，成都人，故南京中央大学中文系主任），常称之为"壮公"，他们是旧识。另一老学者尹炎武（号石公，镇江人，故上海文管会委员）是新交。他曾将尹的诗章写成直幅后，又回赠给尹本人，这也是比较难得的事。

有一事可记。尹石公当时任贵阳师范学院中文系主任，先生应尹的约请到师院讲学，题为《外国人怎样欣赏中国画？》。他谈到向国外艺术大师求教，获得很大的裨益；也谈及某些外国收藏家，所称赏的中国画未必中肯，往往得到赝鼎。有的人甚至将像木雕"灶神"这样拙劣的风俗资料，当作艺术品宝藏起来。讲话中特别强调我们应有自己的鉴别能力和创作方法。譬如，他曾对创造"点法"雨景山水的宋代米芾予以相当高的评价，称之为"世界第一位印象主义者"；对精湛宏富的汉画像石刻加以推扬；对自己品评为"庄严典丽，煊耀焕烂"的神仙画卷更十分珍爱，等等，他自有一系列的论据和观点，在此，只不过是一点"管窥"的举例。总之，已足够说明他对祖国文化遗产是如何地爱护和尊重，从而昭告我们，在奋力学习外邦朋友之所长的同时，也不要完全"舍己从人"。由此出发，便可体会到不论是先生的诗或画，随时随处都在抒发着炽盛的爱国热情。这一点最值得我们学习。我的回忆，主要的就是从这点加以阐述、发挥。看起来比较平淡，但对先生这一局部行迹来说，也不可无纪。

此文承王得一同志帮助回忆并提供材料，又承皮焕昌同志等以所知的部分事实相告，在此应致以谢意！

（《贵州文史天地》1995 年第 1 期）

贵阳市的衣食住行

一、衣

　　贵阳天气，冬无严寒，夏无酷暑，所谓"四季无寒暑，一雨即成冬"虽形容稍过，然落雨即冷，晴天即热，在冬季有时可穿夹衣，夏季亦有时可穿夹衣，盖冬天晴则热，夏天雨仍冷也。

　　贵阳市民衣着，大致皆如外省，抗战以后，贵阳成后方重镇，人口骤多，因之衣着花样，亦因时而繁。街巷所见，穿最流行之新式西装革履者有之，披风旗袍者有之，青蓝短衣裤者，草鞋布鞋者亦有之，形色不一，盖为后方重镇中，服饰之特异点。

　　初来贵阳人士，每以为苗胞衣着，必非常奇异，实则夷胞衣着多与汉人相同，仅苗胞各异。男苗胞多喜大布缠头长褂束腰，女苗胞短衣褶裙，或青衣黑色，或花蓝色，且喜带银饰；布匹皆自纺自织，耐久实用。

　　因气候关系，贵阳市民，除少数老年人外，穿着皮料者极少，且不论冬夏，一般贫苦人民，多着草鞋，全身皆着棉衣裤者亦不少。

　　贵阳在目前，虽为西南交通枢纽，来往行人，络绎不绝，然因运输困难，一切衣物价值，不免较为高昂。然以此比重庆、昆明，则贵阳物价，不能不算较廉。一般行客之感觉，以脱离贵阳，携带衣物不便，初来贵阳，又感衣物制备不易，因此出售旧衣及购买旧衣之风，在贵阳颇为流行，亦适应行客眼前之需要。贵阳之三数家拍卖行，即专做此项代售代购旧衣物之商店。此种拍卖行代售之衣物多为绒呢皮毛织物或首饰钟表等，较寻常价值稍廉，尚有出售旧衣物之地，在公园路至金沙路一带；售古董书画者，亦多在此区域。

二、食

贵阳市既为西南各省公路交通之总汇，行旅频繁，饮食业发达，当为自然之理。过往行客，有谓贵阳为西南大饭店者，亦有相当之理由也。

贵阳市中心区，酒楼茶社甚多，且每家均顾客拥挤，在近二三年来尤为显著，对于行客饮食问题，当便利不少。唯于本年内，一因生活程度渐高，一以政府明令禁酒，筵席较为减色。但小食店之开设，则如雨后春笋，应时所需。据有关机关之统计，贵阳小饭馆小食堂之总数，在二三百家以上，不可谓不发达；至菜肴口味，因五方杂处，各省风味俱备。其招牌名称如天津馆、燕市酒家之代表北方，苏州茶室、南京酒家之代表京沪等等，可以顾名思义，随意选择。余如杏花村、西湖饭店以川味胜，迎宾楼、松鹤楼以苏味名，均可得而言者也。西餐有贵阳招待所、冠生园、福禄寿等处出售。茶点有生生园、五羊茶室、乐园等处出售。冠生园亦在上午售茶点。至小食品店，有专长一味者，如培养正气，味道深长，为炖鸡粉面；孙裕顺、伊斯兰为牛肉各味；苏德盛为肠旺面；乐园为包饺；浔阳食品店为锅贴；老不管为馄饨；均可随各人嗜好，择其售味。又本地食馆，本无索小费之陋习，给予多少，"茶房"绝不计较。自京沪饭店增多以后，"小费加一"已成为各饭店之定规矣。

本市茶馆，属于地方性质者，其习惯与川省为近，多是品清茶嗑瓜子，间或代售糖食，其中大部分且多聘人说书，以吸引顾客。一般店伙计苦力，于休息时间，多尘集于此种茶社，以恢复一日间之疲劳，每夜九、十点钟则正是生意兴隆时候。此类地方茶社，多集中于威西路、威清路、南京街、普定路、三才路、南明路等偏僻地方，总数近一百五十家；大十字一带则绝无仅有。茶社属于外省性质者，则多是品茗之外，兼售点心，其营业时间，多订于早晨及夜晚，此异同之点，亦不可不知。

（一）黔味说略

语云"口之于味，有同嗜焉"，然各地风土既殊，物产有异，五味虽同，食品各别，故北人食麦，南人食米，蒙古人饮乳酪，闽越嗜海产，要皆以其地之所生，快口果腹。至于盐梅之和，烹饪之谱，更各以地方之传习而异风尚。是故方物有志，膳夫入录，辨味之著，历有由来，此黔味之所以有说也。黔位于群山之中，所产多为山珍，故旧习宴享嘉宾，特以海味为重，以其价昂，用之以示华贵，而黔味真赏，故不在此。黔省调味尤精，不仅黔好之，南北巨都均不胫而走。旧时在北平，如瑞记、德记、长美轩、香满园，近年又有南黔阳、北黔阳等黔味餐馆，营业均极盛。上海、南京亦均有黔味餐馆，足以号召顾客。贵阳除原来之酒席馆只做酒席，不卖小吃外，向颇少经营较大之门市餐馆者，居者多行者少也。一般误解为黔嗜辣，味不适于远客，自非确论，近因需要已多增设。盖辛辣为五味之一，西南人士，如湘、川、滇、桂各省之嗜辣固无论矣，北如陕晋，南如赣皖闽，均有若干地方人士同嗜者。黔人食辣，但食辣者不尽为黔人，而黔味亦不尽辣，若以食辛辣为黔省之特味，抑何见识之不广？一般食辣原因，或言黔省水重性寒，然全国食辣之区甚广，不应其水皆重而性寒，食品之本身宜有以配合之耳。滨海之人，多不食辣，盖缘鱼虾易得，其味鲜美，足以刺激食欲，无须辛辣。山国之民则不然，得肉食不易，蔬食菜根，其味淡薄，故必以辛辣佐之，食欲始可旺畅。白菜豆腐，往往调以点滴之辣椒而益彰清隽之味，若蔬菜不足地方，人民更多将辛辣助餐，非得已也。试以黔省烹调之法证之，凡有特殊鲜味者，如海味、河鲜、清炖、红烧之品，均不加辣，通常酒席几于完全无辣味。兹就黔人普通喜丧事宴席单举例言之。

喜事席单：

双手吃：瓜子　花生米　松子　松花豆

两糖食：冰糖　蜜饯

两水果

四冷盘：罐头火腿　葱排骨　盐水鸡胗　蛋松

四温碗：燕窝　竹参　白耳　莲子

八窝碗：什锦鱼刺鸡丝底　宫保鸡　清汤鸽蛋肚尖脑花底

酱汁全鸭八宝鱼　清蒸脚鱼　酸辣海参　白菜冻菌

四点心：两蒸荷叶卷　鸡丝卷　两炸眉毛酥　萝卜饼

四简盅：炒鸡丁　辣子鸡　卤豆腐　糖大头菜

什锦鼓子一个

过中

杏仁茶　蛋糕洗沙合

丧事席单：

双手吃：大白瓜子

两糖食：瓜子　金瓜糖

两水果

四冷盘：火肘片　卤肚丝　酥虾　松花皮蛋

六窝碗：什锦蹄筋　宫保鸡　清蒸鸭　炒玉兰片　红烧鱼

八宝饭

点心两盘：荷叶卷　鸡丝卷

四佐菜：盐菜肉　魔芋锅巴炒肉丝　山药羊肉　辣子酱

清汤鼓子一个

以上所举二例，为黔人最通用之席单。喜事席单中，唯宫保鸡、炒鸡丁、辣子酱三味有辣椒，酸辣海参之辣为胡椒。其余各味皆无辣。丧事席单中，亦唯宫保鸡、魔芋锅巴炒肉丝、辣子酱三味有辣椒，其余各味亦皆无辣。足见黔人之宴会酒席并不重辣。贵阳小粉馆中之炖鸡粉，为最有名之普通食品，鸡粉中并无辣椒。若有人加辣椒入粉中，即侍者反将从旁笑之曰"加入辣椒，鸡汤之鲜味夺矣"。此足为黔人对于本身富有刺激鲜味之食品，均不加辣之明证。然具有鲜味之食品，普通非鸡鸭则鱼肉，山居平民何可每餐得之，常日之给，为蔬菜与豆腐耳。以其多蔬菜豆腐，辣椒遂为日常必需品。又试以黔味言之，黔之豆腐店，每晨以新凝成而未经压紧之豆腐通称豆花入市售卖，住户购之，以与酵（读告字音）水即豆腐凝结后之余浆、黄豆芽同煮，名曰豆芽豆腐，专供贵阳市人中餐时之用，几为每户每日必具之品，无油无盐，若不以辛辣调之，真同嚼蜡矣。然若旁置咸辣蘸碟，将豆芽豆腐调而食之，则味之隽美，又何与五鼎之烹。即不食辣之远客，积久亦多酷嗜之，虽口热舌焦，犹将连呼可口不置。又黔人通常晚饮之汤菜，常以白水煮白菜、豇豆或南瓜，亦多为无油无盐之品，必须以豆豉与炰辣椒粉制作蘸碟以佐食，始能得其隽味。故辛辣之可甘，然远客之久居于黔者，固可与同嗜也。黔人嗜辣，良非偶然。兹就黔省特殊食品中略举数事，为游客介绍。

宫保鸡　　鸡非黔省特产，宫保鸡何以列为特殊，盖因其烹法殊异，惟黔厨调制最精。味之鲜美，省内外人士无不好之，故列之于首。宫保鸡之名，因清时有黔省平远（今织金县）人丁宝桢，食鸡最喜此种调制法，官至四川总督，加"宫保衔，"故黔人名其所嗜食品曰宫保鸡。此味之特点，所用之鸡为雄子鸡，切时去骨切为小块，烹时须火色适宜，故鸡肉极嫩，入口脆而且烂，颜色红白美观。味鲜美而不大辣。

烧狗鱼　　狗鱼即鲵鱼，产于黔省山溪之中，为一种两栖类，俗以其形似人，又呼为娃娃鱼。狗鱼非粤人所食之海狗，海狗名为腽肭兽。此狗鱼即是鲵鱼。平常市上所售甚少。黔厨烹制狗鱼，多先以柴草热灰烧毙之，然后以鸡、鸭、火腿、海参等与之同炖，炖则用文火，需时极久。其味鲜美如脚鱼鳖，而温厚则过之。

竹参　　竹参为一种生于竹林中土上之菌类，白色，菌顶作网络状。庖人用之作甜味菜，或用与鸡片玉兰片同炒，其质疏松可口，蔚为筵席珍品。

银耳　银耳为生于栎木上之一种菌类，川黔两省均产之，中医谓其能润肺补体，平常好食补品之人多嗜之。以耳厚质松、蒸之有丝涎者为上。黔中酒席用之作甜菜温碗。

鸡㙡菌　黔省气候，因春夏时晴时雨，故菌类易于繁滋。所产各菌类，如冻菌、茅草菌、黄丝菌等名目极多，最著名者，则为鸡㙡菌。鸡㙡菌产于地上浅草中，因其长成时，菌头纷披如鸡羽，故以得名。黔厨多以白菜、豚肉、蒜片与之同炒，用入筵席；亦有晒干用油泡之后以作菌油者。安顺且有特产鸡㙡酱油，用以调味，芳鲜适口。

谷春鱼　此鱼为黔省稻田小溪内所产之一种小鱼，每年七、八月间，于花溪青岩一带所产甚多。此鱼又名细鱼，因其特小，长者不过一寸，小者只数分。农家于稻谷将熟，放去稻田之水，以小罟置于水口处，即可渔得甚多。置日中晒干之，剔去其肠，入油煎脆，调以蒜薹、酒、醋、辣等，用佐酒饭，味极鲜美。

魔芋锅巴　魔芋为一种球根植物，以其球根如蹲鸱，其茎干有黑白花纹，斑纹如蛇，令人畏怖，故名魔芋。黔川湘各省以其根捣碎磨浆掺水煮沸，以石灰水加入，使其凝成豆腐形状，是为魔芋豆腐；其色灰黑，黔人谓之鬼豆腐。在魔芋浆尚未加石灰剂前，先使冷却，再以猛火煮之，魔芋浆中之黏质即沉淀锅底，以长竹棍挑取之，名曰魔芋锅巴，为黔省特制。缕切成丝，用与芹菜、羊肉、糟辣椒同炒，其味香脆适口。

脆臊（读为绍字音）　脆臊以猪肉切为颗粒，用油煎脆者。黔人面条与粉条其中均加此物，亦有用作饭菜者，名曰臊子。炸臊子不难，欲其脆则难，因其与火色有关也。

蕨菜与姨妈菜　二者为野生。蕨为野生菜类，来源极古，《诗经》中已咏及之。黔省山地，羊齿类植物特别繁植，故春初产蕨菜极多，黔人以与豆豉、肉丝、辣椒合炒，以为家常便菜，亦有拌作素食，或泡作酸蕨菜以佐食者。姨妈菜亦名罗魁菜，初多为苗民采售，且多妇女挑运入城售卖，故以得名。世俗对苗妇旧有一亲热称呼曰姨妈。此菜约在三月中有之，形如野芹，黔人以豚肉同炖，谓可清泻火气。

肠旺面粉　黔人磨米为浆，蒸之成固体，再用手揉制，揉过后以机榨成圆丝如面条，用开水瀹过数遍即可食，名之曰粉，以之作早点、午点、消夜等之用。清真教之饭店，以炖牛羊肉汤调制之，名牛肉粉、羊肉粉。出售门市，嗜之者不少。普通粉馆，则加白肉片、脆臊者为行粉，并有豆腐粉、炖鸡粉、鸡肉粉、鸡旺粉、肠旺粉各种。最特殊者为肠旺粉。黔人呼畜血为旺子，旺字本为古音，《说文》"旺，羊血也"，故转用呼畜血为旺子。肠旺粉即以清炖之猪肠与鸡血杂粉汤中，加辣椒油，黔人嗜之者尤众。

隐子茶汤　隐子之小粒如稷，其色灰黑，含油质，置砂锅内炒之，舂碎加盐，用与糯米年糕同食，有特殊风味。以之置于米浆中，掺合煮之，浓厚如乳酪，黔人名曰茶汤，通常以油炸粑即糯米年糕之用油煎黄者、豆沙窝即油炸粑包豆沙者、油条等同食，以作早点。

（二）黔酒与黔茶

茅台驰名天下已久，只以装置未善，交通不便，无以应四方之求。近年公路畅通、装置改善，黔人多携带出者，馈赠亲朋，流行日广，酒味芳香醇正，为白酒中之上上品，以后随交通之发展，必可期大量之输出。除茅台外，黔省尚有特产之刺梨酒。刺梨酒之佳者，味可与白葡萄酒相颉颃，今岁政府为调节粮量，悬有酒禁，然叙述黔酒特点，以为谈资，当无妨碍，兹分叙如次：

茅台酒　茅台为仁怀县所属之一村，地在黔川边界处，所产烧春，旧已著名，清咸丰年间名人诗文，早咏叙及之。现设烧房酿造者，有成义、荣和、衡昌各家。据地方传说，茅台村水质特佳，制造得有秘方，清咸丰年间，因桐梓杨龙喜之乱，仁怀、正安各地咸被焚掠，茅台村中酿酒者，因离乡避难，将制就糟料及其存酒，悉倾入窖内而埋藏之，后果地遭兵燹，房屋悉毁，中复经号贼、苗乱、回乱，黔省遍地荆棘，烧杀流亡惨祸，历二十年始靖。乱定后，继续当酿造业者，发掘老窖，获得陈酿，兼有多年陈糟为曲，佳酿之称更著，天下驰名矣。茅台之烤酿程序，系于制作发酵以后，以首窖糟料烤酿之酒，倾入次窖糟料之中，待其一同发酵，再以之复酿，俗呼曰"回沙"。故茅台酒均标"回沙茅酒"之名，现遵义之集义酒，贵阳之仿茅酒，虽均按回沙之法酿制，但因无老窖与陈糟，酒味稍逊。茅台特点在香味，试酌好茅台一杯，可满室生香；从不好饮，亦为陶然，且饮后无口渴头痛之苦。通常一入口，香味即能沁人鼻官者为上品。惟酒味易蒸发泻散，运赴远地者，固封若不严，或摇动过甚，则美味即失。京沪各地，茅台虽可购得，究不如就地痛饮为佳，黔中过客无妨更进一杯也。

刺梨酒　刺梨为黔省特产之一种蔷薇科野生植物，夏开粉红单瓣花，色极娇艳，秋结刺果，形如石榴，而小仅及杏，黔省山野遍地皆是，逾黔境则无之。夏秋之交，苗妇多采摘其果实，入城求售，刮去果面之刺，剥去果腹之子，其肉可食，或晒干作蜜饯，味尤佳，名曰糖刺梨。刺梨最大之销量，厥为造酒，刺梨晒干后捣去其子，以与制就之糟料同烤，果汁与酒糟掺合，遂成为清冽之刺梨酒。酒味香而略涩，佳者其味若白葡萄酒，黔人称其有舒气消食之功。惟现时贵阳市面所售者，大都糟料过少，酒味淡薄，则以甜酒和之，致色多混浊，质亦恶劣，全无刺梨之真味，殊为可惜。刺梨酒佳品，现以青岩所出为最，其多年陈酿，酽如胶质，以新酒和而饮之，芳香沁人心脾，惟多系备以自用，不易购得。将来本省酒业，若能专设酿厂，力求改造，则刺梨酒发展之前途，仍属未可限量。

贵州因山地多雾，空气润湿，随处产茶，质味均佳妙。黔茶之最珍贵者，为贵定云雾山所产之云雾茶，以山泉瀹之，清湛淡丝，几若无色；味芳芬清绝，呷之香盈齿颊，较之他山云雾，有过之无不及，惜产量过少，极不易得。求其次者，则各地所产之园茶，香味亦不输龙井，产量以石阡、安顺、开阳各地为大宗，贵阳所习用者，多为青岩所产。红茶名高树茶，植于山地，与普洱茶同种，宜于久藏，愈陈其味愈浓而香，黔人多以沙罐盛水置炉上煎饮之。绿茶名园子茶，以其需要培肥，多植于园地中，故名。黔省旧习不甚嗜茶，故种茶者获利极微，故对于焙制、择选，均难求改进。年来以省外来黔人士日多，嗜茶者渐众，且咸赞黔茶之佳美，可得善价，以焙制，拣选为业之茶庄，将来发展自属有望。又黔人夏日饮料，尚有一种名苦丁茶者。苦丁茶叶阔而薄，叶上呈网状脉络，不类茶叶，色碧如青螺，入口味苦，迨茶叶与口液化合，则转为清甜，黔人称其功能清暑解渴。售苦丁茶者，多为苗民，夏日挑担赴城中兜售，价极廉。长夏炎暑，科头跣足持大芭蕉扇坐绿荫下者，多旁置苦丁茶一壶，寻畅谈对饮之乐。

三、住

贵州居丛山之中，各地冈峦起伏，山岭重叠。贵阳城区虽已拓为平冈，但坡度倾斜，仍所难免；故贵阳各旧街道，多以坡坎为名者。城区地势，东承扶风山之余脉，西承关刀崖在黔灵山前方之支脚，东北高而西南下。全城最低地带，厥为城区中心之大十字，即现中华、南华、三山、公安四路交接处。据父老传说，此地旧名黑羊箐，（箐读青，去声）。贵州凡山深林密地势低湿之地多名箐。原为低洼巨壑填平以作街市者，故其阴沟深如隧道，中可走马，今为城区商业中心，不复有箐迹矣。城垣雉堞逶迤，跨坡陀临碧流而耸立。自高冈俯瞰，平面作长圆形，城中古树荫浓，市廛栉比，楼阁耸峙，炊烟万家。贯城河发源于葫芦山之麓，自东北经水闸入城，直由北向南贯城而流，过城南六洞桥，经水闸流入南明河中。贯城河以年来流量低减，河床日就淤填，且以沿河染坊林立，居民不少，致污水流入河内，河水浑浊，妨碍市民卫生。民国五年曾疏浚，功效未见，现卫生委员会已拟定整理计划，于本年八月开始测量工程，不久当可告成。

　　城区旧分新老两城，旧北门城垣以南为老城，一切政治机关及重要商业均位于其中；北门城垣以北为新城，多为巨室住宅及花园之所在。民国十七年，辟修马路，拆除此门城垣，以其基为广场，俗呼为铜像台。所谓新城老城，已成历史上名词矣。城门原有九处，北门拆除以后，尚余八门，其上均有谯楼，因少用处，大多倾圮。民国二十五年，修建大西、威清、六广各门穹洞，拆去倾圮谯楼，改建砖碉，并改名大西门曰中山门。二十六年封闭旧南门，辟中正门直通第一经路，拆除旧有之南门月城，辟为广场以利交通。

　　本年二十七年兴筑第三纬线马路，由禹门路正对东山处改辟一门，延伸以接环城马路，现已经修竣，名为东门，盖在新东门、中正门间也。又本年为使城区住民便于疏散城外计，特增辟城门三处，世杰花园、乐群路及南横街各添辟一门，业已拆开，正积极进行，不久贵阳省城将有十二门关矣，城郊交通便利不少。城区马路，自民国十七年即已着手修筑干线，整顿市容，嗣以连年兵燹，市街建设成绩未著，近特设贵阳市政工程处积极整理，稍具规模，交通路线另附有图表，兹不备述。

　　民国初年，市面商店矮小，铺面前多置柜台，只有一个柜台者谓之单合铺，左右对置两柜台者谓之双合铺，及后百货绸缎各业多以玻璃柜陈列商品，旧式柜台渐少。民国十七年以后，辟修马路，马路两旁市房，概限修为三层洋楼之门面，照粤桂形式，建骑楼于人行道上。抗战以后，黔省位于西南中心，往来旅客大增，装修门面竞作市招，贵阳市容因而改观者不少。最近来黔人士日增，每日黄昏前后，闹市汽车呜呜，游人踵趾相接，盛况仿佛通商都市矣。

　　本省为木材产地，建筑自以木料为主。又有南乡合朋村所产之石板，小大厚薄可以剪裁，替代砖瓦，贵阳多用之镶砌天井院地，平滑滤水而耐久，故贵阳旧家宅多为木架瓦屋，前后配置有合朋石板地之天井。其用砖四面砌围墙者，谓之封火砖墙，须较大之住宅始有之。房屋喜多开窗户，天井广阔，故光线充足，空气流通，为贵阳旧式房屋之特色。寓所大都喜配置腰门于宅门外，腰门之高低及宅门之半，宅门向内开，腰门则向外开，通常开宅门而闭腰门，所以防小儿之走失，杜乞丐犬豕之任意阑入也。正屋之前，多有三四尺深之台阶，呼为"厅口"，其上多置雕花方圆石凳一对，为家人纳凉之所。习尚种花，每家院内必有盆栽花草，亦有以竹、桃、石榴等树植于院内，树下置大合朋石缸以养金鱼者。故凡中产之家，入其庭院，无不生意盎然，青翠可喜；较之通商各埠，大多数人窒居于弄堂房屋亭子间中，而终日奔驰于角利之场者，其苦乐正不可同日语也。贵阳仿西式之建筑，民国八年以后始有之，然以交通不便，钢铁与水泥不易运输，所谓洋房，均系砖砌灰糊，用钢骨水泥者尚鲜见也。

（一）新住宅区说略

南明河绕贵阳城西南，东流通浮玉桥，至海潮寺即现振华制革厂折而南，至迎恩寺街折而东，至旧昭忠祠址（现为陆军医院）折而北，至团坡下复折而东。计河流环绕旧徐园废址及赵家坡一带，流作 n 字形，河曲以内之地，名曰河湾，团坡峙立于左，其下旧飞机场之广坪在焉。梓木林冈陇延伸于右，翠微阁、万福寺及鳌矶诸胜在焉。其后倚观风台，孤山耸翠，林木阴翳，屹然为河湾之后障。前瞰狮峰、南岳诸山，历历可数，盖所谓远吞山光下挹江濑者。旧海潮寺位于河湾之侧，与翠微阁相对峙，寺中有楼可瞰鳌矶诸胜，前跨小虹桥，下临溪水，此一地段，名曰小西湖。寺前渔村毗连，纶丝钓叟，多往还于其间，或撑小舟，养鸬鹚以捕鱼，故沿河一带，古名曰渔矶湾。旧有兴义会馆，危楼临水，古木苍苍。距数丈有龙王庙，庙前大树亭亭如盖，由此沿羊肠小径而至徐园，丛树中亭阁参错，旧为游览胜地，今芜废矣。河湾原有农圃，多以莳花种菜为业，城中每日之菜蔬及鲜花，多取给于此。所植木本花尤多，春则姹紫嫣红，桃李成蹊；秋则黄明金粟，红叶满径。每届春日，登观风台而望，但见碧水涟漪，繁花似锦，山光照眼，鸟语互答，徘徊凝伫，恍若身在桃源，尘襟尽涤。至于秋夜月明，常有三五年少携笛箫赴浮玉桥及河湾一带吹弄，倍增兴趣。斯时散步于徐园废址之前，箕坐于龙王庙树下，浓阴掩映，斜月窥人，听堰上滩声怒鸣，桥头霜竹低诉，更使人壮怀激越，或且呜呜引吭而歌。故于春秋佳日，此间游人，日夜不绝，惟惜道路失修，名园荒废，山蹊泥滑，榛莽牵衣，临河滨则茅舍零落，近山麓则古冢累累，游人只得流连河干，难以能综览全胜耳。

抗战以来，省府鉴于人口激增，而城区过狭，原有住宅已不敷分配，特划辟河湾全部为新住宅区。新住宅区之范围，东西南三面均临南明河畔，北临小溪，东北抵观风台山麓，占地一万二千七百零四又百分之四十二市方丈，适据城南胜景之中心。其地先由政府全部征收，加以统筹整理，设计一切道路及公共建筑，划定宅地号数，再由人民请领，自行建筑住屋，其建筑之方式及房屋占地与庭院之比例，均有规则定之。设计机关为建设厅贵阳市政工程处，其设计之公共建筑，除道路、广场、桥梁、下水道、电灯、电话各项而外，尚有公园、图书馆、菜场、给水、冷藏及防空壕等各种设备，以及邮电、警察，现代都市住宅区所需者略备。宅划分为一百八十号，其详见于附图，兹不备述。现时该区外郭马路业已辟成，其余均在加工赶修，不日荒芜胜地将焕然一新也。

（二）旅社

贵阳为西南四大公路线中心点，亦为桂、滇、湘、川、黔五省交通必经之地，因之旅客南来北往，日见频繁，大凡旅客抵达其地，寻择旅舍，当为先决问题。贵阳旅馆林立，有设备俱全之新式旅社，亦有"安寓客商"式旧式客栈，总数在三百家上下，营业均为旺盛。开设旅社者，多为黔籍，外省人较少。旅社房间价目不一，每间房屋最低价仅为三四角，最高价亦仅二三元，且多带有伙食。现最低价为二三元，最高价达八九元，且多不带伙食，价目之外茶水另计，亦有"小费加一"者。至所谓客栈、旅馆、公寓、饭店、宿舍之种种名称，性质则一，故统名之旅社。大致交通路、中山路一带之旅社，因接近车站，营业颇盛。中华路至盐行路之旅社，因在市交通中心，营业亦盛，临时定房间，均较困难，其余各路之旅社觅房间较易，为行客不可不知也。三百家旅社外，尚有贵阳招待所，棉花街、同乐社大西门外与青年会新市场为公共机关或团体所主办，较私营旅社自甚清静。

四、行

贵阳市位于黔省中心，公路纵横，有黔川、黔桂、黔湘、黔滇四大公路干线，绾毂西南五省之交通。抗战至今，以交通关系，其地位日益重巨，蔚为西南之枢纽，陪都之屏藩。市区交通，除汽车外，人力车当占重要位置，车辆总数已达千余。市区交通工具，以人力车为最普遍，乘肩舆之风，在贵阳过去曾极为普遍，年来则日渐减少，街上已属仅见。盖因从前贵阳街巷狭小黑暗，屋檐相接，且碎石铺道，高低不平，不特汽车通行不能，即通行人力车之街巷，亦只有数条，故过去市民喜乘肩舆，其原因或在此也。

建设新贵阳，必须从街道人手，且贵阳水源困难，尤宜多辟火巷，以利交通，兼裨防空。省府于年前计划新修街道，分期举行，第一期工程，于民国二十九年间动工，现已全部竣工。如毓秀里、颜家巷、王家巷、新中街、六座碑、福德街、仓后街等宽阔街道，在二十九年前，固均为狭小之弄也。现第二期工程，由市府照计划办理，其应新修街道，如永乐巷、乐群路、陕西路、龙泉街、红石街、南通路、会文路等所有路线，业经订定地图公布，于三十年十二月一日动工。

五、娱　　乐

衣、食、住、行之外，娱乐一项，亦为人生要素之一。本市娱乐场所之增减，当以二十八年（1939 年）二月四日轰炸为画线。"二四"以前，全市稍具规模之娱乐场，仅有戏院一，名"金筑大戏院"，位于中山路东口，至今残垣碎瓦犹存；电影院一，名"群新影院"，亦即今日金井街之"群新影院",从前建筑设备,远不若今日。"二四"后不久,首有神光电影院开设,营业极盛一时,后改组为中华大戏院,继之,被炸毁之群新影院复业。贵州大戏院成立之始,原为歌舞话剧,后亦改为影院,以上三院所映皆为有声片,其专映神怪剑侠低级影片之明星及民众两电影院,则均先后倒闭。自"金筑大戏院"炸后,黔阳舞台(今改为黔钟),及文明戏院,前演评剧,现演川剧,先后开演,迨至本年元月,建筑经年之贵阳大戏院,亦正式营业,贵阳今日娱乐场所之多,可谓空前矣。

话剧运动,在去年今年间,曾一度热烈。话剧团体,多附属于机关团体,如青年剧社之属青年团,力行剧社之属市党部,贵兴剧社之属师管区,黔邮剧团之属邮局等等皆是。话剧剧场,前有民众剧场,设民众教育馆内;国民教馆划为市府办公地点,因此公演话剧多假省党部大礼堂举行。

献给商、黄两先生书法联展

　　书法不仅是中国特有的一种美术，而且与学术有关甚大，因为从书法里面，可以推见文物制度的沿革和时代兴衰的迹象。可是一般的作家和鉴家，只偏重在书法的美术方面，从事研讨和评价，而忽略了书法在学术方面的价值。这原因很简单，就是由于一般人只知道所谓"风雅"的缘故，作家只要能涂几笔，鉴家只要能瞎评几句，罗致几幅，都算得了不起。本来这种时代和社会，大家都忙得喘不过气来，哪里还谈得到什么书法，更谈什么学术？能"风雅"一下，也就很不错了。拉得远的话不必说，就贵阳年来的书画展而论，画展较多而字较少，偏重美术的较多而有关学术的较少。这次商锡永、黄叔康两先生举行书法联展，在贵阳近年以至现在，确是仅见的事。近来也曾有沈尹默、乔大壮、陈西流、曾克耑四先生的书法联展，可惜不及往观，不是因为忙，因此也就无话可说。至于商、黄两先生，同是我所敬佩的好友，两先生和我结识，虽然是近三年以内的事，但给我的教益很多。商先生是国内的学术名家，殷墟书契的权威学者，罗振玉、王国维先生的唯一继承人，这是学术界公认的事。黄先生是北平名彦，他的书法得舅赵世骏山木先生的嫡传，从钟绍京、二王到褚河南、虞永兴，这一个关键，黄先生是参透了的。两位先生都是在有关抗建大业的机构中工作，为国家尽一分子的劳力，并不只是以画家的声誉，为社会所赞扬。两先生之从事"书法"，不过是"绪余"之事。但这一项成就，已经值得我们赞叹！

商先生展出的作品，就体裁说，包括古文、篆、籀、分、隶各体。所临摹的，有龟甲兽骨文字、钟鼎彝器文字、镜鉴、权量、铅版文字，以至世所罕见的垂露、悬针、鸟篆文。从所表现的时代说起，包括商、周、秦、汉、魏、晋六朝。黄先生展出的作品，从体裁说，有真、行、草，所临摹的，从钟、王、褚、虞，以至董思伯。所表现的时代，则包括晋、隋、唐、宋、元、明。因此两先生的联展，含有两点深刻的意义：一点是文字的演变，一点是时代的衔接，综合以上两点，可以表明中国书法的源流，因此我个人觉得，这次联展的价值，较之过去任何展览，更来得重大。说是具有历史性学术性的展览，并不是溢美的。

两先生的盛名，早已腾驰国内，用不着我来介绍，以上就是我所浅知的，略为一说。不过我还觉得，工书善画，在一般人的眼光中，认为可以陶冶性情，是高雅的乐事。但依我看来，在承平时代，安适环境中，或许是有真乐，若是眼前这种动的社会，要做这种静穆的事情，恐怕是乐不敌苦。说琐细一点吧，就是笔不好，纸不佳，都是扫兴的事。所以前年听见朋友说，沈尹默先生偶然得一支好笔，可以终日把玩，爱不释手，由此可见战时获得文房佳品之难，旁的不说，只此一端，商、黄两先生当亦有同感吧！

（贵阳《中央日报》1944 年 6 月 22 日）

图书在版编目（CIP）数据

陈恒安文集 / 陈恒安著；贵州省博物馆编.
上海：上海古籍出版社，2025. 6. -- ISBN 978-7-5732-
1659-5

Ⅰ. K872. 73-53；K297. 3-53
中国国家版本馆 CIP 数据核字第 20256RT472 号

陈恒安文集

陈恒安　著

贵州省博物馆　编

上海古籍出版社出版发行

（上海市闵行区号景路 159 弄 1－5 号 A 座 5F　邮政编码 201101）

（1）网址：www.guji.com.cn

（2）E-mail：guji1@guji.com.cn

（3）易文网网址：www.ewen.co

上海展强印刷有限公司印刷

开本 700×1000　1/16　印张 12.5　插页 8　字数 169,000

2025 年 6 月第 1 版　2025 年 6 月第 1 次印刷

ISBN 978-7-5732-1659-5

K·3885　定价：88.00 元

如有质量问题，请与承印公司联系

电话：021-66366565